BEI GRIN MACHT SICH IHR WISSEN BEZAHLT

- Wir veröffentlichen Ihre Hausarbeit, Bachelor- und Masterarbeit

- Ihr eigenes eBook und Buch - weltweit in allen wichtigen Shops

- Verdienen Sie an jedem Verkauf

Jetzt bei www.GRIN.com hochladen und kostenlos publizieren

Nicola Gundrum

Folgen der Energiewende auf Produktion und Logistik und Lösungsansätze gegen nachteilige Folgen

GRIN Verlag

Bibliografische Information der Deutschen Nationalbibliothek:

Die Deutsche Bibliothek verzeichnet diese Publikation in der Deutschen Nationalbibliografie; detaillierte bibliografische Daten sind im Internet über http://dnb.d-nb.de/ abrufbar.

Dieses Werk sowie alle darin enthaltenen einzelnen Beiträge und Abbildungen sind urheberrechtlich geschützt. Jede Verwertung, die nicht ausdrücklich vom Urheberrechtsschutz zugelassen ist, bedarf der vorherigen Zustimmung des Verlages. Das gilt insbesondere für Vervielfältigungen, Bearbeitungen, Übersetzungen, Mikroverfilmungen, Auswertungen durch Datenbanken und für die Einspeicherung und Verarbeitung in elektronische Systeme. Alle Rechte, auch die des auszugsweisen Nachdrucks, der fotomechanischen Wiedergabe (einschließlich Mikrokopie) sowie der Auswertung durch Datenbanken oder ähnliche Einrichtungen, vorbehalten.

Impressum:

Copyright © 2012 GRIN Verlag GmbH
Druck und Bindung: Books on Demand GmbH, Norderstedt Germany
ISBN: 978-3-656-29399-6

Dieses Buch bei GRIN:

http://www.grin.com/de/e-book/203066/folgen-der-energiewende-auf-produktion-und-logistik-und-loesungsansaetze

GRIN - Your knowledge has value

Der GRIN Verlag publiziert seit 1998 wissenschaftliche Arbeiten von Studenten, Hochschullehrern und anderen Akademikern als eBook und gedrucktes Buch. Die Verlagswebsite www.grin.com ist die ideale Plattform zur Veröffentlichung von Hausarbeiten, Abschlussarbeiten, wissenschaftlichen Aufsätzen, Dissertationen und Fachbüchern.

Besuchen Sie uns im Internet:

http://www.grin.com/

http://www.facebook.com/grincom

http://www.twitter.com/grin_com

EBC Hochschule Hamburg

Bachelor-Thesis

Fachgebiet: Produktion und Logistik

Thema: **Folgen der Energiewende in Deutschland auf Produktion und Logistik und Lösungsansätze gegen nachteilige Folgen**

Vorgelegt von: Nicola Gundrum

Eingereicht am: 9. Juli 2012

Inhaltsverzeichnis

Abkürzungsverzeichnis I

1 Einleitung 1

    1.1 Einführung in das Thema 2

    1.2 Gang der Untersuchung 2

2 Energiewende 4

    2.1 Gründe für die Einleitung der Energiewende 4

        2.1.1 Atomausstieg zur Risikominimierung und Etablierung einer nachhaltigen Wirtschaft ... 5

        2.1.2 Abhängigkeit von Importen senken 10

        2.1.3 Energiepreise senken 7

    2.2 „Überraschender" Atomausstieg und Einbeziehung der EU 9

    2.3 Organisation und „Gemeinschaftswerk" 9

    2.4 Umstiegskonzept 15

    2.5 Stromnetz 15

    2.6 Energieversorgungssicherheit 16

    2.7 Finanzierung und Investitionen 19

    2.8 Zusammenfassung Energiewende 15

3. Nachteilige Folgen der Energiewende auf Produktion und Logistik 16

    3.1 Entstehende Kosten durch einen Stromausfall 17

    3.2 Informationstechnologie und Telekommunikation 18

    3.3 Nachteilige Folgen auf die Produktion 24

        3.3.1 Steigende Energiepreise 25

        3.3.2 Produktionsprozesse 26

        3.3.3. Folgen auf die Informationstechnologie und Telekommunikation in der Produktion . 29

    3.4 Nachteilige Folgen der Energiewende auf die Logistik 27

        3.4.1 Straße 27

        3.4.2 Schiene 29

        3.4.2 Luft 30

        3.4.4 Wasser 35

        3.4.5 Reduzierung des Kraftstoffverbrauchs 37

3.4.6 Logistikprozesse 38

3.5 Zusammenfassung nachteilige Folgen der Energiewende auf Produktion und Logistik 39

4 Lösungsansätze gegen nachteilige Folgen der Energiewende 36

    4.1 Generelle Lösungsansätze 37

        4.1.1 Beleuchtungssysteme 37

        4.1.2 Energie-Management-Software 38

    4.2 Lösungsansätze für die Produktion 39

        4.2.1 Unterbrechungsfreie Stromversorgung 40

        4.2.2 Energierückgewinnungssysteme 40

        4.2.3 Kraft-Wärme-Kopplungsanlagen 46

    4.3 Lösungsansätze für die Logistik 47

        4.3.1 Gigaliner 47

        4.3.2 „intelligentes" Verladungsmanagement 49

        4.3.3 Wechsel zu energiesparenden Transportwegen 46

    4.4 Zusammenfassung Lösungsvorschläge für Produktion und Logistik 48

5. Maßnahmen des Staates zur Umsetzung der Energiewende 49

    5.1 Netzausbau und Smart-Grids 50

    5.2 Energiezwischenspeicher 51

    5.3 Zusammenfassung Maßnahmen des Staates für die Umsetzung der Energiewende 57

6. Fazit 58

Glossar II

Anhang III

Literaturverzeichnis IV

Abkürzungsverzeichnis

AKW	Atomkraftwerk
BHKW	Blockheizkraftwerke
BGL	Bundesverband Güterkraftverkehr Logistik und Entsorgung
BPW	Bruttoproduktionswert
CIM	Computer Integrated Manufacturing
CO_2	Kohlenstoffdioxid
DB	Deutsche Bahn
DFS	Deutsche Flugsicherung
EE	Erneuerbare Energien
EEG	Erneuerbare-Energien-Gesetz
EnWG	Energiewirtschaftsgesetz
ERP	Enterprise Resource Planning
EVU	Energieversorgungsunternehmen
GeV	Gesamtenergieverbrauch
GSM-R	Global Systems for Mobile Communications – Railway
GW	Gigawatt
GWh	Gigawattstunde
ICAO	International Civil Aviation Organization
IPCC	Intergovernmental Panel of Climate Change
IT	Informationstechnologie
JIS	Just-in-sequence
JIT	Just-in-time
kJ	Kilojoule
KV	Kombinierter Verkehr
kWh	Kilowattstunde
KWK	Kraft-Wärme-Kopplung
LED	Lichtemittierende Diode
Lkw	Lastkraftwagen
MJ	Megajoule
Mt	Millionentonnen
MW	Megawatt
PC	Personal Computer
PJ	Petrajoule
SAIDI	System Average Interruption Duration Index
TEN	Transeuropäisches Netze

TEU	Twenty-foot Equivalent Unit
TK	Telekommunikation
Tkm	Tonnenkilometer
TKG	Telekommunikationsgesetz
USV	Unterbrechungsfreie Stromversorgung
VerkLG	Verkehrsleistungsgesetz

1 Einleitung

März 2011: Ein Erdbeben der Stärke 9,0 auf der Richterskala und eine dadurch ausgelöste Tsunami erschüttern Japan. Die Kühlungen mehrerer Atomkraftwerken (AKW) fallen aus. Kernschmelzen sind nicht mehr zu verhindern und haben katastrophale Auswirkungen. Tausende Menschen werden aus den betroffenen Regionen evakuiert. Ihre Häuser und Wohnungen sind aufgrund der schädlichen Strahlung unbewohnbar und etliche Hektar Ackerland können nicht mehr bewirtschaftet werden.[1]

Zur gleichen Zeit schließen sich in Deutschland immer mehr Menschen in Gruppen zusammen, um für den Ausstieg aus der Atomenergie zu demonstrieren. Die Bundesregierung leitet unverzüglich die Energiewende[2] ein: Es erfolgt unmittelbar die Abschaltung der sieben ältesten Kernkraftwerke sowie des AKW Krümmel. Die Laufzeitverkürzung der Atomkraftwerke sieht vor, dass die verbliebenen neun Kernkraftwerke schrittweise bis zum Jahr 2022 vom Netz genommen werden sollen.[3] Der Beschluss über die Energiewende zielt vor allem auf den vermehrten Einsatz von erneuerbaren Energien[4] (EE) und den damit zusammenhängenden Aufbau einer dezentralen Energieerzeugung ab.[5] Aufgrund dieser Dezentralisierung und die, durch die abgeschalteten AKW entstandene Versorgungslücke, sieht sich die Wirtschaft durch mögliche Spannungsschwankungen und Netzausfällen bedroht. Darüber hinaus befürchtet die Industrie steigende Strompreise und somit auch den Verlust der Wettbewerbsfähigkeit.[6] Bereits jetzt stellen diese Auswirkungen für die produzierende Industrie und die Logistikbranche eine enorme Herausforderung dar.[7]

Die Bundesregierung bezeichnet die Energiewende als ein Gemeinschaftswerk. Eine erfolgreiche Umsetzung ist abhängig von dem Engagement der privaten Haushalte, Kommunen und Unternehmen.[8] Demnach haben auch die Produktions- und Logistikbetriebe Verantwortung zu übernehmen und Ihren Beitrag zur Energiewende zu leisten.

Ungewiss ist bisher, ob die Energiewende innerhalb eines Jahrzehnts zu schaffen ist. Ein zu langsam voranschreitender Ausbau der EE sowie des Stromnetzes, zu geringe Investitionen in Brückenenergien und fehlende Finanzmittel für technische Innovationen werden bemängelt.[9] In dieser Arbeit soll daher auf folgende Frage eine Antwort gefunden werden: Welche nachteilige Folgen hat die Energiewende auf die Produktion und Logistik in Deutschland und welche Lösungsansätze liegen vor, um diesen nachteiligen Folgen entgegenzuwirken?

---

[1] Vgl. **Martin, Fritz** (2012) S. 100.
[2] Der Begriff Energiewende umfasst in dieser Arbeit alle Maßnahmen, die im Auftrag er Bundesregierung von der Ethik-Kommission auf Basis des Beschlusses über die Energiewende, zusammengefasst und erläutert wurden sind.
[3] Vgl. **Bundesministerium für Umwelt, Naturschutz und Reaktorsicherheit** (2011) S. I.
[4] Hinweis: Alle unterstrichenen Worte, werden im Glossar näher erläutert.
[5] Vgl. **Ethik-Kommission** (2011) S. 74 ff.
[6] Vgl. **o.V., Atomausstieg – Höhere Strompreise kosten Industrie Milliarden** (2011).
[7] Vgl. Stratmann, Klaus A (2011).
[8] Vgl. **Ethik-Kommission** (2011) S. 37 ff.
[9] Vgl. Stratmann, Klaus B (2011).

1.1 Einführung in das Thema

Das Ziel dieser Arbeit ist es herauszufinden, welche nachteiligen Folgen die Realisierung der Energiewende auf die deutsche Produktion und Logistik hat. Weiterführend soll untersucht werden, welche Lösungen für diese Folgen vorliegen, die von Produktions- und Logistikbetrieben eingesetzt werden (können) und ferner, welche Maßnahmen der deutsche Staat einzuleiten hat, um die Umsetzung der Energiewende zu ermöglichen. Mit der Beantwortung der Leitfrage, lässt sich gleichzeitig feststellen, ob die Produktions- und Logistikunternehmen in Deutschland auf die Energiewende vorbereitet sind.

Eine weitere Problemschicht, die es zur Zielerreichung dieser Arbeit zu betrachten gilt, befasst sich mit der Frage, ob eine Realisierung der Energiewende auf Basis der zur Zeit der Erstellung dieser Arbeit vorliegenden Gegebenheiten und getroffenen Maßnahmen möglich ist.

Das Thema dieser Arbeit sowie die Beantwortung der übergeordneten Fragestellung (siehe Kapitel 1) haben eine herausragende Bedeutung für die Produktions- und Logistikunternehmen in Deutschland. Als eines der führenden Industrienationen, weist Deutschland eine starke wirtschaftliche Abhängigkeit von einer sicheren Stromversorgung auf. Bis zur Einleitung der Energiewende hat eine hohe Zuverlässigkeit der Stromversorgung Deutschland im internationalen Vergleich einen Standortvorteil gewährleistet und anteilig für die Wettbewerbsfähigkeit der Unternehmen gesorgt.[1] Auch eine Verstärkung des Anstiegs der Energiepreise, was als eine Folge der Energiewende befürchtet wird, kann sich nachteilig auf Deutschland mit Hinblick auf die Wettbewerbsfähigkeit sowie Standortswahlentscheidungen von Unternehmen auswirken und sogar zu Abwanderungen führen.[2] Im schlimmsten Fall kann es sogar zu notgedrungenen Betriebsschließungen kommen, sodass die Arbeitslosigkeit steigt und der allgemeine Wohlstand in Deutschland sinkt. Insbesondere auf die Industrie können die möglichen nachteiligen Folgen der Energiewende verheerende Auswirkungen haben. Diese haben eine existenzielle Bedeutung für die deutsche Wirtschaft und sorgt u.a. mit ihren zahlreichen Exportgütern für ein seit Jahren anhaltendes hohes Außenhandelssaldo.

Mit der Beantwortung der Leitfrage kann daher in einem übergeordneten Rahmen gesagt werden, inwieweit die deutsche Wirtschaft, insbesondere in den Bereichen Produktion und Logistik, durch mögliche nachteilige Folgen der Energiewende gefährdet ist.

1.2 Gang der Untersuchung

Diese Arbeit ist in sechs Kapitel gegliedert, wobei die Kapitel 2 bis 5 den Hauptteil darstellen. Um die Übersichtlichkeit zu bewahren, erfolgt am Ende eines jeweiligen Hauptkapitels eine kurze Zusammenfassung der wichtigsten Aspekte.

In dieser Arbeit wird zunächst der Beschluss über die Energiewende durch die Bundesregierung erläutert (Kapitel 2). In diesem Zusammenhang wird auf die Gründe für die Energiewende

---

[1] Vgl. **Schürmann, Hans** (2012) S. 2.
[2] Vgl. **o.V., Atomausstieg – Höhere Strompreise kosten Industrie Milliarden** (2011).

eingegangen (Kapitel 2.1). Im weiteren Verlauf wird der Aufbau der Energiewende analysiert und untersucht, ob die notwendigen Voraussetzungen für die Umsetzung der Energiewende gegeben sind (Kapitel 2.2 – 2.7). Das Ziel der Untersuchung des Kapitels 2 ist es festzustellen, ob eine Realisierung der Energiewende unter den gegebenen Voraussetzungen ohne Beeinträchtigungen für die deutsche Wirtschaft möglich ist. Hier werden bereits Gefahrenquellen aufgezeigt, die sich auf die Produktion und Logistik auswirken können.

Im darauffolgenden Kapitel 3 werden die Folgen der Energiewende auf Produktion und Logistik betrachtet. Die Unterkapitel werden vor dem Hintergrund einer möglichen Beeinträchtigung des deutschen Stromnetzes (z.B. Netzschwankungen und Stromausfällen) sowie eines verstärkenden Effektes des Anstiegs der Energiepreise aufgrund der Einleitung der Energiewende betrachtet. Zunächst werden hier die allgemeinen finanziellen Folgen eines Stromausfalls auf die deutsche Wirtschaft analysiert (Kapitel 3.1). Nachfolgend wird ein Szenario für den Bereich der Informations- und Kommunikationstechnologien (IT/TK) im Falle eines Elektrizitätsausfalls dargestellt (Kapitel 3.2). Dieses Kapitel dient vor allem zur Erläuterung der hohen Stromabhängigkeit von IT/TK. Anschließend wird eine Unterteilung in Folgen der Energiewende auf die Produktion (Kapitel 3.3) und in Folgen der Energiewende auf die Logistik (Kapitel 3.4) vorgenommen. Bezüglich der Produktion werden die Auswirkungen steigender Energiepreise (Kapitel 3.3.1) sowie die Folgen eines instabilen Stromnetzes auf Produktionsprozesse (Kapitel 3.3.2) betrachtet. Analog hierzu werden bei der Betrachtung der Logistik die Auswirkungen steigender Kraftstoffpreise (Kapitel 3.4.5) und die Folgen eines Stromausfalls auf Logistikprozesse (Kapitel 3.4.6.) analysiert. Aufgrund der Tatsache, dass zahlreiche Herstellungsverfahren abhängig von funktionierenden IT/TK-Systemen sind, werden die Folgen auf die IT/TK nochmals näher im Bereich der Produktion erläutert (Kapitel 3.3.3). Eine solche existenzielle Abhängigkeit lässt sich in der Logistik nicht finden. Hier wird sich den Auswirkungen eines Elektrizitätsausfalls bezüglich verschiedener Transportwege von Gütern gewidmet (Kapitel 3.4.1 bis 3.4.4).

Im Kapitel 4 erfolgt die Untersuchung verschiedener Lösungsansätze im Bereich der Produktion und Logistik gegen nachteilige Folgen der Energiewende. Im ersten Schritt werden hier generelle Lösungsvorschläge, die in beiden Bereichen eingesetzt werden können, vorgestellt (Kapitel 4.1). Danach erfolgt analog zu den Kapiteln 3.3 und 3.4 eine Untergliederung in Lösungsvorschläge für die Produktion (Kapitel 4.2) und in Lösungsvorschläge für die Logistik (Kapitel 4.3). Aufgrund der zahlreichen, auf den Markt verfügbaren, Technologien, die zur Lösung gegen nachteilige Folgen eingesetzt werden können, werden jeweils nur einige gängige und zukunftsträchtige Lösungsansätze untersucht. In den Kapiteln 4.2 und 4.3 werden Kategorisierungen der Lösungsansätze zur Verbesserung der Übersichtlichkeit vorgenommen.

Im fünften Kapitel werden die geplanten sowie möglichen Maßnahmen des Staates, die für eine erfolgreiche Umsetzung der Energiewende notwendig sind, erläutert. Aufgrund einer enormen Bandbreite von Maßnahmen seitens des Staates, wird sich auf zwei existenzielle Bereiche

(Kapitel 5.1 und 5.2), in denen der Staat die Rahmenbedingungen zu schaffen und weitere unterstützende Leistungen anzubieten hat, beschränkt.

Im sechsten Kapitel, dem Fazit, werden die Erkenntnisse zusammengefasst und die Arbeit einer kritischen Würdigung ausgesetzt.

Das Thema dieser Arbeit wird, wenn nicht vorher explizit anders angegeben, aus Sicht der deutschen Unternehmen, dabei überwiegend aus der Perspektive der Produktions- und Logistikunternehmen, betrachtet. Eine Ausnahme stellt dabei das fünfte Kapitel, Maßnahmen des Staates zur Umsetzung der Energiewende, dar. Hier werden zu Beginn jedes Unterkapitels zuerst die notwendigen Maßnahmen aus Sicht der Bundesregierung und nachfolgend aus dem Blickwinkel von regierungsunabhängigen Experten sowie deutscher Unternehmen untersucht.

2 Energiewende

Im Zuge der Reaktorhavarie in Fukushima im März 2011 beschloss die Bundesregierung die Energiewende: Die im Energiekonzept dargestellte Rolle der Atomenergie wurde neu bewertet und die sieben ältesten Kernkraftwerke sowie das AKW Krümmel wurden dauerhaft stillgelegt. Darüber hinaus soll der Betrieb der verbliebenen neun Atomkraftwerke schrittweise bis zum Jahr 2022 eingestellt werden.[1] Nach Auffassung der Bundesregierung ist der Atomausstieg innerhalb eines Jahrzehnts durchführbar.[2] Als übergeordnetes Ziel wird die Vollversorgung durch EE angestrebt.[3]

Die Ethik-Kommission arbeitete im Auftrag der Bundesregierung eine Zusammenfassung mit Erläuterungen zu Maßnahmen auf Basis des Beschlusses über die Energiewende aus.[4] Diese stellen den Ausgangspunkt für die nachfolgenden Unterpunkte dar.

Zunächst wird auf die Gründe für die Einleitung der Energiewende eingegangen. Darauf folgt die Analyse des Aufbaus der Energiewende und es wird untersucht, ob die notwendigen Voraussetzungen für die Umsetzung der Energiewende gegeben sind. Hier werden bereits Gefahrenquellen aufgezeigt, die sich auf die Produktion und Logistik auswirken können.

2.1 Gründe für die Einleitung der Energiewende

Deutschland hat als einziger Staat der Welt den Weg des Atomausstiegs eingeschlagen und strebt durch einen umfangreichen Umbau gewisser Strukturen ein nachhaltiges Energieerzeugungssystem an. Für diesen Schritt liegen unterschiedliche Motive vor, auf die in den folgenden Absätzen genauer eingegangen wird.

---

[1] Vgl. **Bundesministerium für Umwelt, Naturschutz und Reaktorsicherheit** (2011) S. I.
[2] Vgl. **Ethik-Kommission** (2011) S. 9.
[3] Vgl. **Ethik-Kommission** (2011) S. 81.
[4] Vgl. **Ethik-Kommission** (2011).

2.1.1 Atomausstieg zur Risikominimierung und Etablierung einer nachhaltigen Wirtschaft

Der Hauptgrund für die Einleitung der Energiewende liegt für die Bundesregierung in den von der Kernenergie ausgehenden Risiken. Die Möglichkeit die Atomenergie durch risikoärmere EE zu ersetzen, soll wahrgenommen werden.[1] Als ausschlaggebender Anlass wird hierfür die Kernschmelze im März 2011 in Japan genannt. Diesbezüglich ist zu betonen, dass sich das Risiko der Kernenergienutzung durch die Reaktorhavarie nicht verändert hat, jedoch die Risikowahrnehmung der Menschen.[2]

In Deutschland wurde die Kernenergie einst als eine wohlstandsnährende, nahezu endlose Energiequelle mit kontrollierbaren Risiken angesehen.[3] Überdies wird bei der Erzeugung von Strom durch Atomkraftwerke anders als bei Kohlekraftwerken nahezu kein Kohlenstoffdioxid (CO_2) emittiert. Diese Eigenschaft gewinnt mit dem wachsenden Bewusstsein für die Auswirkungen des Klimawandels an Bedeutung.[4] Der Klimaschutz ist auch ein weiteres Ziel der Energiewende. Hier wird sich auf die europäischen Vorgaben (Europa 2020) bezogen. Es sind vor allem Maßnahmen im Verkehrsbereich zu treffen, um die Emissionen an CO_2 zu senken. 2010 wurden durch den Verkehr 154 Millionentonnen (Mt) an CO_2 ausgestoßen. Im Vergleich dazu lag der Wert der CO_2-Emissionen durch Industrieprozesse nur bei einem Drittel. Der Verkehr hat einen Anteil von ca. 18,5% an den Gesamtemissionen.[5] Aufgrund der Vorgaben von Europa 2020 hat Deutschland seine gesamten CO_2-Emissionen um 30% (gegenüber dem Niveau von 1990) bis zum Jahr 2020 zu senken.[6] Mit Blick auf den bisherigen Fortschritt muss Deutschland zur Zielerreichung in den nächsten Jahren „nur" noch ca. 15 bis 16 Mt an CO_2-Emissionen pro Jahr einsparen. Auf den Verkehrssektor entfallen hier (unter Berücksichtigung seines Anteils an den Gesamtemissionen von 18,5%) rund 2,85 Mt, die es pro Jahr bis 2020 einzusparen gilt.[7]

Überdies haben sich einige Länder mit der Unterschreibung des Kyoto-Protokolls dazu verpflichtet ihre CO_2-Emissionen zu verringern. Eine kernenergiebasierende Energieversorgung kann unter Umständen das Einhalten dieser und der weiter oben genannten Vereinbarungen erleichtern.

Diese Faktoren sind vermutlich ausschlaggebend für die weltweit fortbestehende Nutzung der Kernenergie sowie den Bau von 52 Atomkraftwerken in den nächsten Jahren. Zusätzlich befinden sich 83 AKW in Genehmigungsverfahren und für weitere 125 werden derzeitig Vorplanungen getroffen. Im Jahr 2009 trugen 437 Kernkraftwerke zur Stromerzeugung bei. Die Anzahl der AKW wird sich bis zum Jahr 2020 voraussichtlich auf knapp 700 erhöhen.[8]

---

[1] Vgl. **Ethik-Kommission** (2011) S. 10.
[2] Vgl. **Ethik-Kommission** (2011) S. 25-27.
[3] Vgl. **Ethik-Kommission** (2011) S. 28.
[4] Vgl. **Milbradt, Georg** (2011) S. 180.
[5] Vgl. **Bundesministerium für Wirtschaft und Energie** (2012) Tabellenblatt Nr. 9.
[6] Vgl. **Europäische Kommission** (2010) S. 13.
[7] Vgl. **Bundesministerium für Wirtschaft und Energie** (2012) Tabellenblatt Nr. 9.
[8] Vgl. **Bundesministerium für Wirtschaft und Energie** (2012) Tabellenblatt Nr. 37.

An dieser Stelle ist auf ein mögliches Konfliktpotenzial hinzuweisen. Deutschland hat sich im europäischen sowie weltweiten Kontext dazu verpflichtet die CO_2-Emissionen zu senken.[1] Unter Berücksichtigung dieser Tatsache darf der Atomausstieg nicht zu Lasten des Klimaschutzes und der Nachhaltigkeit gehen.[2] Mit dem Ausstieg aus der Kernenergie zielt Deutschland auf die Etablierung einer nachhaltigen Wirtschaft an, wobei diese mit einem vermehrten Einsatz an EE realisiert werden soll.[3] Der bis zur Einleitung der Energiewende erzeugte Strom aus Kernenergie von 1.533 Petajoule (PJ)[4] jährlich[5] ist zukünftig nach Auffassung der Bundesregierung durch erneuerbare Energieträger „Wind, Sonne, Wasser, Geothermie und Biomasse"[6] zu substituieren. In diesem Zusammenhang sind überdies eine effektivere Energienutzung sowie die Steigerung der Produktivität der Energieerzeugung dringend notwendig.[7]

2.1.2 Abhängigkeit von Importen senken

Ein weiterer ausschlaggebender Grund für die Einleitung der Energiewende ist die starke Abhängigkeit von den Energieträger- und Stromimporten aus dem Ausland. Diese müssen nach Ansicht der Bundesregierung gesenkt werden.[8] Deutschland verfügt im Hinblick auf fossile Energieträger über nahezu keinerlei Ressourcen. Eine Ausnahme stellen die hohen Braunkohlevorkommen dar. Im Vergleich zu den anderen fossilen Energieträgern weist Braunkohle jedoch nur einen sehr geringen Heizwert von 9.004 Kilojoule (kJ) auf. Beispielsweise hat Steinkohle einen Heizwert von 3.0116 kJ und Erdöl von 4.2556 kJ.[9] Diese und weitere energiereiche Rohstoffe können zum größten Teil nur über das Ausland bezogen werden. Die Konsequenz lässt sich anhand der deutschen Nettoimporte erkennen, die 2010 rund 70% betrugen. Ausschlaggebend für diesen Wert ist unter anderem die Einfuhr von Kernenergie (Uran), die zu 100% aus dem Ausland bezogen wird.[10] Bis zum Ende des Jahres 2022 wird dieser Wert auf 0 gesunken sein. Ob sich die Nettoimporte bis dahin auch um genau den Anteil der Urannettoimporte verringern werden, ist abhängig von einer schnellen und erfolgreichen Umsetzung der Energiewende.

An dieser Stelle ist auf ein mögliches Konfliktpotenzial aufmerksam zu machen. Die aufgrund der Abschaltung der Atomkraftwerke entstehende Stromversorgungslücke muss unter Umständen teilweise durch Elektrizitäts- und Energieträgerimporten gedeckt werden. Hier muss zum einen darauf geachtet werden, dass weder Strom aus Kernenergie noch aus hoch CO_2–emittierenden Erzeugungsprozessen eingeführt wird. Dies würde sonst der aktuellen Energiepolitik der

---

[1] Vgl. **Ethik-Kommission** (2011) S. 47.
[2] Vgl. **Ethik-Kommission** (2011) S. 81.
[3] Vgl. **Ethik-Kommission** (2011) S. 81.
[4] Erklärungen zu den Einheiten von Energie und Leistung sind im Anhang unter Punkt a zu finden
[5] **Bundesministerium für Wirtschaft und Energie** (2012) Tabellenblatt Nr. 23.
[6] **Ethik-Kommission** (2011) S. 11.
[7] Vgl. **Bundesministerium für Umwelt, Naturschutz und Reaktorsicherheit** (2011) S. 5.
[8] Vgl. **Ethik-Kommission** (2011) S. 59 f.
[9] Vgl. **Bundesministerium für Wirtschaft und Energie** (2012) Tabellenblatt Nr. 0.3.
[10] Vgl. **Bundesministerium für Wirtschaft und Energie** (2012) Tabellenblatt Nr. 3.

Bundesregierung widersprechen.[1] Ferner ist zu beachten, dass keine einseitigen Importabhängigkeiten entstehen. Diesbezüglich empfiehlt die Bundesregierung weiterhin einen Energie-Mix, d.h. die Bereitstellung von Energie aus unterschiedlichen Energieträgern, beizubehalten. Hierfür sind Maßnahmen im Bereich des europäischen Netzausbaus zu treffen, um den Austausch von Strom zu unterstützen (siehe Kapitel 2.5 und 5.1).[2]

Außerdem ist anzumerken, dass Deutschland vor dem Atommoratorium zwar teilweise seinen Energiebedarf durch Stromimporte deckte (z.B. bei temporären oder regionalen Engpässen, insbesondere in Süddeutschland), insgesamt jedoch als Stromexporteur in Europa fungierte. Nach der Stilllegung von 8 Kernkraftwerken verzeichnet Deutschland eine negative Stromaußenhandelsbilanz.[3] So betrugen die Nettostromexporte Deutschlands vom 1. Januar bis zum 16. März 2011 im Durchschnitt 85,5 Gigawattstunden (GWh) pro Tag. Nach dem Moratorium, zwischen dem 17. März und dem 24. März lagen die Nettostromexporte im Schnitt am Tag bei -39,9 GWh.

Ansätze einseitiger Importabhängigkeiten sind allerdings bereits hinsichtlich des Erdgases zu verzeichnen. Zu Beginn des Jahres 2012 wurde das Erdgas in Europa knapp. Eine Ursache ist, dass in einigen europäischen Ländern die Energie generell in den Kälteperioden nicht ausreicht. Im vergangenen Winter heizten zusätzlich viele Verbraucher mit Gas. Überdies belieferte Gazprom an erster Stelle das eigene nationale Gebiet, welches unter Engpässen litt, sodass 20 bis 30% weniger Gas nach Europa geliefert wurden. Energiekonzerne hatten bereits die Verbraucher aufgefordert Energie einzusparen, um Netzausfällen vorzubeugen. Die Industrie trifft es im Ernstfall am schlimmsten, da gesetzlich festgeschrieben ist, dass „die Versorgung der Haushalte mit Wärme Vorrang vor der Belieferung der Industrie hat".[4] Dies geht aus dem Energiewirtschaftsgesetz (EnWG) hervor. Demnach besteht eine Pflicht zur Sicherstellung der Grundversorgung an Erdgas für Haushalte, wenn die Versorgung zum Teil unterbrochen ist oder eine außergewöhnlich hohe Nachfrage nach Gas besteht (siehe Anhang Punkt b). Für die Industrie gibt es keine entsprechenden Vorschriften.

2.1.3 Energiepreise senken

Mit der Reduzierung der Strom- und Energieträgerimporten geht auch die Abkopplung von den weltweiten, stetig steigenden Energiepreisen einher. Für Deutschland haben sich beispielsweise die Rohöleinfuhrpreise von 201,60 €/t im Jahr 2001 auf 591,15 €/t im Jahr 2011 erhöht. Damit hat sich der Preis innerhalb des letzten Jahrzehnts nahezu verdreifacht. Bei anderen Energieträgern wie z.B. Erdgas und Steinkohle ist eine ähnliche Entwicklung, wenn auch etwas schwächer ausgeprägt, zu erkennen.[5] Diese Preissteigerungen sind vor allem auf die Tatsache

---

[1] Vgl. **Ethik-Kommission** (2011) S. 40.
[2] Vgl. **Ethik-Kommission** (2011) S. 60.
[3] Vgl. **o.V., Vom Ex- zum Importeur** (2011) S. 23.
[4] Vgl. **Krumrey, Henning** (2012) S. 58.
[5] Vgl. **Bundesministerium für Wirtschaft und Energie** (2012) Tabellenblatt Nr. 36.

zurückzuführen, dass diese fossilen Brennstoffe endlich sind und mittlerweile kostenintensivere Verfahren für die Erschließung von immer tiefer gelegener Vorkommen einzusetzen sind.

Der Preis für Öl und Gas wird primär vom Weltmarkt festgelegt, wohingegen der Strompreis generell von der Politik in dem jeweiligen Staat bestimmt wird. Durch den Ausbau der EE kann zukünftig auf einen Großteil fossiler Energieträger zur Energieerzeugung und -bereitstellung verzichtet werden, sodass theoretisch mit sinkenden Energiekosten zu rechnen ist.[1] Dies lässt sich auf den Merit-Order-Effekt zurückführen. Wenn die Erzeugung von Strom aus EE sehr hoch ist (z.B. zur Mittagszeit, wo die Sonneneinstrahlung sehr stark ist), werden weniger kostenintensive Spitzenlastkraftwerke zum Ausgleich benötigt. Das Resultat sind demnach sinkende Strompreise für die Verbraucher.[2] Konsequenterweise reduzieren sich damit auch die Gewinne der Betreiber der Spitzenlastkraftwerke.[3] Hier wird bereits das Investitionsrisiko für leistungsstarke Kraftwerke deutlich (siehe Kapitel 2.7). Diese stellen jedoch eine unerlässliche Brückentechnologie in der Energiewende dar.[4]

In vielen Studien wurde hingegen festgestellt, dass die Energiewende den Strompreis weiter ansteigen lassen wird, da kostenintensive Investitionen zu tätigen sind (siehe Kapitel 3.3.1).[5] Diese Kosten werden im Merit-Order-Effekt nicht berücksichtigt. Überdies übt die vermehrte Nutzung EE nur einen kurzfristigen Preiseffekt aus, da sich ab einem gewissen Zeitpunkt die Struktur des Einsatzes konventioneller Kraftwerke anpasst und ein neuer Merit-Order erzeugt wird.[6] An dieser Stelle ist wichtig zu erwähnen, dass die Bundesregierung von sinkenden Elektrizitätspreisen durch den Ausbau der EE ausgeht. Sie ist der Auffassung, dass ab einem gewissen Zeitpunkt „zusätzliche Stromkapazitäten tendenziell preissenkend"[7] wirken. Aufgrund des weltweiten Anstiegs der Energiepreise und weiterer Faktoren, die auf den Strompreis einwirken, ist allgemein schwierig zu sagen, welcher Anteil der preislichen Entwicklung in Zukunft auf den Atomausstieg zurückzuführen sein wird.[8]

Niedrige Strompreise sowie die Kalkulierbarkeit künftiger aufzubringender Kosten für Elektrizität sind insbesondere für die deutsche Industrie von hoher Bedeutung. Im europäischen Vergleich sind die Elektrizitätspreise für die deutsche Industrie bereits vor dem Atommoratorium relativ hoch gewesen. 2010 kostete z.B. eine Kilowattstunde (kWh) 11,55€, wobei der europäische Durchschnittspreis bei 10,32€ lag. Nur Italien, Zypern, Malta und die Slowakei liegen über den deutschen Wert.[9] Die Wettbewerbsfähigkeit von Unternehmen darf durch einen weiteren Strompreisanstieg als eine Folge der Energiewende nicht gefährdet werden.

---

[1] Vgl. **o.V., Interview - Schub fürs Handwerk** (2012) S. 2.
[2] Vgl. **Roon, Serafin** v. (2010) S. 1 ff.
[3] Vgl. **Hopf, Engelbert** (2012) S. 7.
[4] Vgl. **Ethik-Kommission** (2011) S. 51 ff.
[5] Vgl. **Ethik-Kommission** (2011) S. 54.
[6] Vgl. **Roon, Serafin** v. (2010) S. 5.
[7] **Ethik-Kommission** (2011) S. 57.
[8] Vgl. **Ethik-Kommission** (2011) S. 58.
[9] Vgl. **Bundesministerium für Wirtschaft und Energie** (2012) Tabellenblatt Nr. 29a.

2.2 „Überraschender" Atomausstieg und Einbeziehung der EU

Das Atommoratorium wurde in den Medien als ein ungeplantes Ereignis dargestellt. Tatsächlich hatte aber bereits im Jahr 2000 die damalige Bundesregierung die Laufzeitbefristung der AKW auf das Jahr 2021 festgelegt.[1] Ein Jahr vor der Reaktorhavarie in Japan wurden diese zwar wieder deutlich um einige Jahre verlängert, dennoch gab es immer das Ziel des zukünftigen Ausstiegs aus der Kernenergie.[2] Ferner verfolgt die Bundesregierung schon seit 2002 eine umfangreiche Strategie, um eine nachhaltige Wirtschaft zu etablieren.[3] Dennoch ist anzumerken, dass die großen Energieversorgungsunternehmen (EVU) eine unerwartete sofortige Stilllegung der sieben ältesten Kernkraftwerke sowie des AKW Krümmel im Jahr 2011 nicht einkalkulieren konnten. Aufgrund von fehlenden Umsätzen aus der Kernenergie, können nur im geringen Maße Investitionen in EE zur eigenen Existenzsicherung sowie zur Deckung der entstandenen Versorgungslücke getätigt werden. Beispielsweise führte bei E.On die Stilllegung von fünf seiner AKW im Jahr 2011 zu einem Gewinnrückgang um 70%. Das Unternehmen hatte ursprünglich geplant in den kommenden Jahren 7,5 Mrd. € in EE zu investieren. Mit den unerwarteten Umsatzeinbußen wird dies in diesem Umfang nicht möglich sein und u.U. wird die Wettbewerbsfähigkeit des Konzerns beeinträchtigt.[4] Hier hat der Staat entsprechende Unterstützung zu leisten.

In erster Linie ist wichtig zwischen der Abschaltung der Kernkraftwerke und dem Atomausstieg zu differenzieren. Die Abschaltung ist im Wesentlichen ein rechtlicher und technischer Prozess, wohingegen der Ausstieg einen komplexeren Werdegang umfasst. Zwischenziele sind zu setzen, Transparenz muss geschaffen werden und die „europäische Einbindung Deutschlands"[5] ist zu berücksichtigen.[6]Allerdings kommt gerade der letzte Punkt in den Ausführungen der Ethik-Kommission zur Energiewende zu kurz. Deutschland agierte bisher überwiegend als ein Energieexporteur in Europa. Mit dem Atomausstieg wird sich die Lage, wie bereits eine erste Untersuchung zeigt (siehe Kapitel 2.2.1), vermutlich verändern. Deutschland wird als Energielieferant für die europäischen Partner weitestgehend ausfallen, daher sollte die Abschaltung der übrigen Atomkraftwerke bei einer Verzögerung des Ausbaus an EE insbesondere mit den Nachbarstaaten abgestimmt werden.[7]

2.3 Organisation und „Gemeinschaftswerk"

Für die Organisation und Kontrolle der Umsetzung der Energiewende wurde mittlerweile ein Amt für einen unabhängigen parlamentarischen Beauftragten im deutschen Bundestag und ein Nationales Forum Energiewende eingerichtet. Der parlamentarische Beauftragte gleicht den Ist-

---

[1] Vgl. **Krämer, Georg** (2011) S. 8.
[2] Vgl. **Ethik-Kommission** (2011) S.17.
[3] Vgl. **Bundesregierung** A (2002) S. 11.
[4] Vgl. **Martin, Fritz** (2010) S. 100.
[5] **Ethik-Kommission** (2011) S.21.
[6] Vgl. **Ethik-Kommission** (2011) S.21.
[7] Vgl. **o.V., Interview - Schub fürs Handwerk**(2012) S. 2.

und Soll-Zustand der Fortschritte mit Hilfe eines Monitoring-Prozesses miteinander ab. Er hat mindestens jedes Jahr einen Energiewende-Bericht über den Stand der Umsetzung der geplanten Maßnahmen vorzulegen. In diesem hat er auch auf Verzögerungen der Realisierung der Energiewende hinzuweisen und Gegenmaßnahmen zu entwerfen. Das Ziel des Forums ist es hingegen, das Interesse der Gesellschaft zu wecken und diese anzuregen sich einzubringen.[1]

Die Ethik-Kommission bezeichnet die Energiewende als ein „Gemeinschaftswerk". Nur mit Hilfe der Unterstützung von Politik, Wirtschaft und Gesellschaft kann die Wende erfolgreich bewerkstelligt werden.[2] Wichtige Beteiligte sind: Kommunen, Energieversorger und – verbraucher (z.B. Industrie und Haushalte), Netzbetreiber und Produktentwickler (z.B. für energieeffizientere Produkte).[3] Die Bundesregierung weist in diesem Zusammenhang darauf hin, dass Verzögerungen bezüglich der Umsetzung auftreten können.[4]

Aufgrund der Reaktorhavarie in Fukushima haben die deutschen Bürger das Vertrauen in die Aussagen der Experten über die Sicherheit der Kernenergie verloren. Die Menschen wollen sich nicht mehr auf Experten verlassen, sondern miteinbezogen werden und eine klare Transparenz erkennen.[5] Dieser Aspekt ist in der Organisation und Durchführung des „Gemeinschaftswerkes" zu berücksichtigen. Eine gute Möglichkeit für die Beteiligung der Bürger an Entscheidungen (z.B. auf Ebene von Genossenschaften oder Kommunen) bietet u.a. die angestrebte dezentrale Energieversorgung.[6] Darüber hinaus können Privathaushalte auch in eigene Energieerzeugungsanlagen auf Basis EE investierten.

Des Weiteren werden die Verbraucher aufgefordert sich eine nachhaltigere Lebensweise anzueignen und im Zuge dessen auf Produkte zurückzugreifen, die unter dem Aspekt der Nachhaltigkeit hergestellt worden sind bzw. zur Unterstützung dieser beitragen.[7] Seit einigen Jahren ist bereits ein Trend bezüglich der Nachfrage nach nachhaltigen Erzeugnissen zu verzeichnen.[8] Dies lässt sich auch an dem steigenden Angebot solcher Produkte erkennen.

Im Kontext des „Gemeinschaftswerkes" nimmt die Wissenschaft und Forschung eine herausragende Rolle ein. Die deutsche Wirtschaft steht für Innovationen und Qualität. Die Bundesregierung rechnet daher mit zahlreichen effektiven Lösungen für die Realisierung der Energiewende.[9] Eine wichtige Aufgabe wird beispielsweise die Entwicklung weiterer Stromspeichertechniken sein (siehe Kapitel 5.2).[10]

---

[1] Vgl. **Ethik-Kommission** (2011) S.62 f.
[2] Vgl. **Ethik-Kommission** (2011) S.11.
[3] Vgl. **Ethik-Kommission** (2011) S. 22.
[4] Vgl. **Ethik-Kommission** (2011) S.12.
[5] Vgl. **Ethik-Kommission** (2011) S.22 f.
[6] Vgl. **Ethik-Kommission** (2011) S.30.
[7] Vgl. **Ethik-Kommission** (2011) S.43.
[8] Vgl. **Heitkötter, Jan** (2011) S. 29.
[9] Vgl. **Ethik-Kommission** (2011) S.12 f.
[10] Vgl. **Ethik-Kommission** (2011) S.77.

2.4 Umstiegskonzept

Ein übergeordnetes Planungskonzept für den Umstieg von der Atomenergie auf EE, welches eine eindeutige Richtung vorgibt, ist unerlässlich für die deutsche Wirtschaft. Dieses ist beispielsweise wichtig für die Berechnung der Rentabilität von Investitionen und somit auch ferner für die Wettbewerbsfähigkeit im internationalen Kontext.[1]

Die Beschlüsse des Energiekonzeptes von 2010 (mit Ausnahme der Darstellung der Atomenergie) und der Energiewende 2011 bilden gemeinsam die aktuelle Energiepolitik der Bundesregierung ab.[2] Nach Auffassung einiger Experten stellen diese noch kein klares Umstiegskonzept dar. Maßnahmen werden teilweise nur angerissen und Finanzierungsmöglichkeiten werden nur oberflächlich behandelt (siehe Kapitel 5 sowie nachfolgende Unterkapitel). Daraus resultiert eine fehlende Akzeptanz der Bevölkerung sowie von Unternehmen. Die Behebung dieses Missstandes ist zeitnah durchzuführen, damit auch potenziellen Investoren mehr Sicherheit gegeben werden kann. Diese stellen eine bedeutende Prämisse für eine erfolgreiche Realisierung der Energiewende dar.[3]

2.5 Stromnetz

Mit dem geplanten zunehmenden Einsatz EE geht eine Dezentralisierung der Energieerzeugung einher. Kommunen, Privathaushalte und Unternehmen werden künftig vermehrt selbst Strom ins Netz speisen.[4] Hierfür sind umfangreiche Infrastrukturmaßnahmen notwendig.[5] Die Stromnetze sind nicht nur auszubauen, sondern sie müssen auch zu einem Smart Grid umgebaut werden (siehe Kapitel 5.1). Überdies ist die Nutzung und evtl. der Bau mehrere Speicherkraftwerke erforderlich (siehe Kapitel 5.2),[6] um den Strom aus EE bei temporär größerer Elektrizitätserzeugung als –verbauch zwischenzuspeichern. Bei Engpässen kann der Strom wieder ins Netz gespeist werden. Eine bedeutende Funktion haben hierbei die Netzbetreiber. Nach dem Erneuerbaren-Energien-Gesetz (EEG) sind diese dazu verpflichtet Stromerzeugungsanlagen auf Grundlage EE an ihr Stromnetz anzuschließen sowie die daraus resultierenden Kosten selbst zu tragen. Überdies müssen sie den daraus erzeugten Strom vorrangig abnehmen (siehe Anhang Punkt c).

In einigen anderen Ländern der Erde gibt es schon seit Jahrzehnten dezentrale Energieversorgungssysteme. In vielen Fällen, wie z.B. in Australien, Indien und Alaska, wo Regionen mit einer geringen Bevölkerungsdichte anzufinden sind, gibt es keine Alternative zu einem dezentralen Stromversorgungssystem im Rahmen von Wirtschaftlichkeitsaspekten.[7] Ein

---

[1] Vgl. **Ethik-Kommission** (2011) S.15.
[2] Vgl. **Bundesministerium für Umwelt, Naturschutz und Reaktorsicherheit** (2011) S. I.
[3] Vgl. **Martin, Fritz** (2012) S. 100;
Vgl. **Zentralverband Elektrotechnik- und Elektronikindustrie e. V.** (2010) S. 2 ff.
[4] Vgl. **Ethik-Kommission** (2011) S. 96.
[5] Vgl. **Ethik-Kommission** (2011) S. 88.
[6] Vgl. **Ethik-Kommission** (2011) S. 44.
[7] Vgl. **Grab, Herbert** (2012) S. 57.

solches System ist demnach grundsätzlich realisierbar und verspricht überdies Schutz vor weitläufigen Stromausfällen. Der Grund hierfür ist die regionale Verbindung der Stromerzeugung mit dem -verbrauch.[1] Auswirkungen durch den Ausfall großer Kraftwerke sowie durch zerstörte nationale Elektrizitätsleitungen spielen hier keine Rolle.

Bezüglich der Energieversorgung und des -verbrauchs ist eine Zweiteilung in Nord- und Süddeutschland vorzufinden. Dies stellt eines der größten Problematiken für die Realisierung der Energiewende dar. Im Norden lagert vorwiegend das Gas (in Untergrundspeichern zum Ausgleich vorrübergehender Lieferengpässe aus dem Ausland) und auch die Off-Shore-Windparks sind dort angesiedelt. Im Süden ist jedoch ein Großteil der Industrie, teilweise mit sehr energieintensiven Produktionsprozessen (z.B. in Bereichen der Chemie-, Maschinen- und Automobilbranche), anzufinden. Der erzeugte Strom im Norden gelangt entweder nur langsam in den Süden oder wird sogar von den europäischen Nachbarstaaten unterwegs abgefangen. Dieses Problem ist auf das veraltete und teilweise schlecht ausgebaute Stromnetz in Deutschland zurückzuführen.[2] An dieser Stelle wird der enorme Investitionsbedarf des Netzausbaus deutlich. Bis 2020 ist das Stromnetz um 3500km zu erweitern.[3]

2.6 Energieversorgungssicherheit

Eine sichere Energieversorgung ist nicht nur wichtig für Bereiche der lebensrettenden Medizin, sondern hat auch eine existenzielle Bedeutung für die Wirtschaft (aufgrund energieabhängiger Maschinen, Transportmittel, Telekommunikations- und Informationstechnologiesystemen) (siehe Kapitel 3 und nachfolgende Unterkapitel). Deutschland galt bisher als ein Land mit sicherer Energieversorgung.[4] Für viele Produktions- und Logistikunternehmen stellt diese einen wichtigen Faktor bei der Standortwahl dar. Die Energieversorgungssicherheit ist daher wichtig für die Ansiedlung von Unternehmen sowie für das Schaffen und Erhalten von Arbeitsplätzen in Deutschland. Die Versorgungssicherheit darf daher durch die Energiewende nicht gefährdet werden.[5]

Mit der Stilllegung der sieben ältesten Kernkraftwerke und des AKW Krümmel wurden 8,5 Gigawatt (GW) vom Netz genommen. Die Bundesregierung ist der Auffassung, dass diese Stromleistung entbehrlich ist und durch ungefährlichere Energien ersetzt werden kann. Ein Risiko stellen jedoch die Strombedarfsspitzen im Sommer und Winter dar. Diese sind mit anderen Kapazitäten (z.B. durch das Hochfahren alter Gaskraftwerke oder Spitzenlastkraftwerke) abzusichern.[6]

---

[1] Vgl. **Ethik-Kommission** (2011) S. 77.
[2] Vgl. **Krumrey, Henning** (2012) S. 58.
[3] Vgl. **Gusbeth, Sabine** (2012) S. 35.
[4] Vgl. **Ethik-Kommission** (2011) S. 58.
[5] Vgl. **o.V., Atomausstieg – Höhere Strompreise kosten Industrie Milliarden** (2011).
[6] Vgl. **Ethik-Kommission** (2011) S. 14 f.

Die Bundesnetzagentur ist ebenfalls der Auffassung, dass die Versorgungssicherheit nach den bereits acht stillgelegten AKW immer noch ausreichend ist. Diese wird aber nach der Entnahme weiterer Kernkraftwerke vom Netz nicht mehr gegeben sein. Zurzeit verfügt Deutschland über 81,5 GW **gesicherter Leistung**. Auf die Kernkraft entfallen hier aktuell 11,5 GW. Dieser verfügbaren Leistung steht eine Spitzennachfrage von 80 GW gegenüber. Es ergibt sich daher nur ein kleiner Puffer von 1,5 GW. Bis 2013 werden voraussichtlich ca. 11 GW durch fossil befeuerte Kraftwerke zusätzlich ins Netz gespeist und einige ältere Kraftwerke mit insgesamt 3 GW Leistung werden stillgelegt. Der Energiepuffer kann somit auf 9,5 GW erhöht werden.[1]

Der Bundesverband für Energie- und Wasserwirtschaft prognostiziert sogar, dass bis zum Jahr 2019 etwa 50 neue Kraftwerke (für „Wind, Gas, Steinkohle, Braunkohle, Biomasse, Müll, Laufwasser; auch Pumpspeicher und Druckluft"[2]) gebaut werden. Diese werden über eine Leistungsstärke von ca. 30 GW verfügen.[3]

Den größten Beitrag zur Stromversorgung sollen wie bereits erwähnt die EE zukünftig liefern. Die Bundesregierung plant deren Anteil an der Stromerzeugung auf 80% bis zum Jahr 2050 zu erhöhen. Das erste Etappenziel schreibt einen Anteil von 35% bis zum Jahr 2020 vor. 2010 betrug der Anteil EE an der Stromerzeugung 16,7 %. Betrachtet man im nächsten Schritt die Lage im Jahr 2000, kann das Ziel als realistisch bewertet werden. Vom Jahr 2000 bis zum Jahr 2010 hat sich der Anteil der EE an der Stromerzeugung um das 2,6-fache erhöht. Für die Erreichung der Zielvorgabe ist nur eine Steigerung um das 2,1-fache nötig.[4]

Für den Übergangszeitraum zwischen der Stilllegung der Atomkraftwerke und der Erreichung einer Abdeckung der Versorgungslücke mit EE liegt der Fokus auf Erdgas. Für dieses spricht seine Eigenschaft von allen fossilen Energieträgern am geringsten CO_2 freizusetzen. Ein Hindernis könnte die Planungs- und Bauzeit von Gaskraftwerken sein, die mit ca. 6 Jahren sehr zeitintensiv ist.[5] Eine weitere Problematik sind fehlende Investoren. Der Grund hierfür liegt in der Ungewissheit ausreichende Gewinne mit den Kraftwerken erwirtschaften zu können. Für die Energiewende notwendige Spitzenlastkraftwerke werden beispielsweise bei den jetzigen Rahmenbedingungen nur temporär bei Stromengpässen hochgefahren (siehe Kapitel 2.1.3).[6]

Die Versorgungssicherheit ist mit der Erhöhung der Energieproduktivität und des effizienten Einsatzes von Energie zu unterstützen. Deutschland hat eine **Energieproduktivitäts**steigerung um 38,6% zwischen 1990 und 2010 vorzuweisen.[7] Damit sind „deutlich weniger Rohstoffe, Flächen und Energie zum Erwirtschaften der gleichen Erträge"[8] nötig. In Zukunft ist die Energieproduktivität von bisher ca. 1,6% pro Jahr auf knapp unter 4% bis zum Jahr 2020 zu

---

[1] Vgl. **Ethik-Kommission** (2011) S. 50 ff.
[2] **Ethik-Kommission** (2011) S. 53.
[3] Vgl. **Ethik-Kommission** (2011) S. 53.
[4] Vgl. **Bundesministerium für Wirtschaft und Energie** (2012) Tabellenblatt Nr. 20.
[5] Vgl. **Ethik-Kommission** (2011) S. 82.
[6] Vgl. **Martin, Fritz** (2012) S. 100.
[7] Vgl. **o.V., Das Geld liegt auf dem Dach** (2011) S. 22.
[8] **o.V., Das Geld liegt auf dem Dach** (2011) S. 22.

verdoppeln. Bei ansonsten gleichbleibenden Bedingungen könnte der CO_2-Ausstoß durch den Ausstieg der Kernenergie ansteigen.[1] Potenziale im Hinblick auf die Einsparung von Energie bieten neben den Haushalten (mit einem Einsparpotenzial von ca. 60%)[2] insbesondere die Industrie und die Logistik im Verkehrsbereich.[3] Diese haben einen Beitrag zum „Gemeinschaftswerk" Energiewende beizusteuern und sind vorwiegend selbst für die Finanzierung energieeffizienter Maschinen sowie Transportmittel verantwortlich.[4] Die Bundesregierung hat sich bis zum Jahr 2020 das Ziel gesetzt den Stromverbrauch gegenüber 2008 um 10% zu verringern. Der Endenergieverbrauch soll ebenfalls reduziert werden. Beispielsweise soll dieser im Vekehrsbereich um 10% gegenüber 2005 vermindert werden.[5] An dieser Stelle wird nochmals deutlich, dass durch die Energiewende nicht nur der Stromsektor, sondern der ganze Energiesektor betroffen ist.

Kritisch zu betrachten ist in diesem Zusammenhang der schleppende Ausbau der Windkraft. Die schwierigen Umweltbedingungen bei der Installation der Off-Shore-Anlagen sind nicht stark genug berücksichtigt worden, sodass sich die Baukosten eines aktuellen Projektes von den geplanten 1,5 auf 2,9 Milliarden € fast verdoppelt haben. Darüber hinaus sind von den 80 gebauten Windkraftanlagen erst 19 ans Netz geschaltet. Experten weisen darauf hin, dass sich die Investitionen wahrscheinlich nicht rentieren werden. Wird das derzeitige Tempo beibehalten, werden im Jahr 2030 nur 15.000 statt der eingeplanten 25.000 Megawatt (MW) zur Verfügung stehen. In diesem Zusammenhang ist auch die Problematik des Stromanschlusses der Windparks zu nennen. Dieser ist sehr kostenintensiv, sodass der Netzbetreiber Tennet nach eigener Aussage nicht fähig ist, die volle Finanzierung zu übernehmen.[6]

Weitere Ursachen für die Verzögerung des Ausbaus der Windkraft liegen vor allem in den „aufwendigen Genehmigungsverfahren"[7] sowie in den hohen Umweltauflagen (siehe Anhang Punkt d). Ein weiterer Punkt betrifft die Abneigung der Bevölkerung gegen den Aufbau von Windparks sowie die Erweiterung des Stromleitungsnetzes. Jährlich werden zahlreiche Petitionen eingereicht, um nach Aussagen von Anwohnern die drohende Zerstörung der Umwelt und Idylle zu verhindern.

Nach Ansicht der Bundesregierung, ist dennoch eine sichere Energieversorgung realisierbar, bei der weder Netzausfälle eintreten noch der Stromimport aus Atomenergie nötig ist. Einher gehen sogar die Gewinnung von Arbeitsplätzen und die Entstehung neuer Betriebe. Mit dem Atomausstieg kann ein globaler Wettbewerbsvorteil geschaffen und die nationale Wirtschaft

---

[1] Vgl. **Ethik-Kommission** (2011) S. 48.
[2] Vgl. **Ethik-Kommission** (2011) S. 65.
[3] Vgl. **Ethik-Kommission** (2011) S. 69 f.
[4] Vgl. **Ethik-Kommission** (2011) S. 66 f.
[5] Vgl. **Bundesministerium für Umwelt, Naturschutz und Reaktorsicherheit** (2011) S. 5
[6] Vgl. **Martin, Fritz** (2012) S. 100.
[7] **o.V., Interview - Schub fürs Handwerk** (2012) S. 2.

vorangetrieben werden.[1] Erste Ansätze, die zu einem entgegengesetzten Ergebnis führen, sind jedoch schon zu verzeichnen (siehe Kapitel 3 sowie nachfolgende Unterkapitel).

2.7 Finanzierung und Investitionen

Für die Umsetzung der Energiewende beträgt das prognostizierte Investitionsvolumen bis zum Jahr 2050 „ca. 20 Mrd. € jährlich"[2]. Dieser enorme Investitionsbedarf kann nicht allein von der Privatwirtschaft, den Haushalten sowie Kommunen getragen werden.[3]

Laut einer Umfrage sind die Energieverbraucher bereit etwas mehr für eine sicherere Versorgung ohne Atomenergie zu bezahlen. Auch Investitionen in Gebäudesanierungen, energieeffizienteren Maschinen und Beleuchtungen sowie in eine dezentrale Energieversorgung sind vorstellbar. Momentan fehlt es teilweise noch an Aufklärung über Vorteile, geeignete Maßnahmen und finanzielle Anreize.[4] Die Bundesregierung plant diesbezüglich den Verbrauchern Informationen bereitzustellen.[5] Ferner sollen bezüglich der Unterstützung des energieeffizienten Verhaltens ordnungspolitische sowie finanzielle Anreize gesetzt werden.[6] Finanzmittel für monetäre Anreize sowie für die Bereitstellung von Fördergeldern könnten unter Umständen aus den Einnahmen durch die Versteigerung von CO_2-Emissionszertifikaten erlangt werden.[7] Aktuell wird jedoch kritisiert, dass bisher nahezu keine der geplanten Fördergelder zur Unterstützung der Energiewende bereitgestellt worden sind.[8] Diesen Missstand gilt es zu beheben, um eine erfolgreiche Umsetzung zu ermöglichen.

Eine monetäre Förderung ist insbesondere im Bereich der Windkraft notwendig. Hierbei handelt es sich um eine relativ neue Technologie, bei der die Investitionsrisiken nur schwer kalkulierbar sind. Es wird gefordert die ersten zehn Windparks finanziell durch die Haushaltskasse zu unterstützen, um eine Ansteigen der Lernkurve zu erreichen. Die Kreditanstalt für Wiederaufbau (KfW) hat für den Ausbau der Windkraft ein Sonderprogramm namens „Offshore Windenergie" mit einem Kreditvolumen von 5 Mrd. € freigegeben. Dies ist nur ein Bruchteil von den insgesamt 75 Mrd. €, die in diesem Bereich für die Realisierung der Energiewende benötigt werden.[9]

2.8 Zusammenfassung Energiewende

Zusammengefasst lässt sich für das Kapitel 2 sagen, dass die Energiewende eine Herausforderung für Politik, Wirtschaft und Gesellschaft darstellt. Für ihre Bewältigung sind die Rahmenbedingungen für alle Beteiligten zu verbessern und ein klares Umstiegskonzept mit

---

[1] Vgl. **Ethik-Kommission** (2011) S. 38 f.
[2] **Bundesministerium für Umwelt, Naturschutz und Reaktorsicherheit** (2011) S. 5.
[3] Vgl. **Bundesministerium für Umwelt, Naturschutz und Reaktorsicherheit** (2011) S. 5.
[4] Vgl. **Ethik-Kommission** (2011) S. 42 f.
[5] Vgl. **Ethik-Kommission** (2011) S. 46.
[6] Vgl. **Ethik-Kommission** (2011) S. 42.
[7] Vgl. **Ethik-Kommission** (2011) S. 55.
[8] Vgl. **Hopf, Engelbert** (2012) S. 7.
[9] Vgl. **Bundesministerium für Umwelt, Naturschutz und Reaktorsicherheit** (2011) S. 8.

präzisen Maßnahmen und Fördermethoden ist von der Bundesregierung vorzulegen. Überdies muss der Staat in den kommenden Monaten Fördergelder für den Ausbau des Stromnetzes sowie den Aufbau von Anlagen zur Energieerzeugung aus EE bereitzustellen. Nur so lässt sich ein Scheitern der Energiewende verhindern. Nur wenn alle Beteiligte zusammenarbeiten und die Energiewende als „Gemeinschaftswerk" bestreiten, ist eine erfolgreiche Umsetzung möglich. Überdies sind Konfliktpotenziale wie z.b. die entstandene Versorgungslücke durch das Atommoratorium durch Stromimporte zu decken oder den Einsatz hoch CO_2-emittierender Kraftwerke.

In Deutschland hat die Energie „zuverlässig, umweltfreundlich und zu wettbewerbsfähigen Preisen"[1] bereitgestellt zu werden, sodass auch zukünftig die Energie den Wohlstand und somit auch die Arbeitsplätze sichert. Diese Aspekte sind nicht nur wichtig für einen reibungslosen Ablauf in der Produktion und Logistik, sondern auch ausschlaggebend für die Ansiedlung neuer und den Erhalt sowie die Wettbewerbsfähigkeit bestehender Betriebe in Deutschland.

Die Energiewende kann im Best-Case dazu beitragen die Wirtschaft zu stärken und Deutschland als Vorreiter weltweite Chancen ermöglichen. Bisher bleibt jedoch ungewiss, ob die Energiewende erfolgreich umgesetzt werden kann. Im Worst-Case kann die entstandene Versorgungslücke nicht planmäßig geschlossen werden, sodass fatale nachteilige Auswirkungen auf die deutsche Wirtschaft nicht zu verhindern sind. Der Erfolg ist wie bereits erwähnt abhängig von den Maßnahmen des Staates, der Unternehmen sowie der Privathaushalte.

3. Nachteilige Folgen der Energiewende auf Produktion und Logistik

Wie die Untersuchungen in Kapitel 2 zeigen, ist bisher noch ungewiss, ob eine zuverlässige Elektrizitätsversorgung gewährleistet werden kann. Ein instabiles Stromversorgungsnetz mit Netzschwankungen bis hin zu Stromausfällen kann gravierende Folgen auf die Produktion und Logistik haben.

„In den letzten Jahren haben Stromausfälle in Nordamerika und Europa[2] einen nachhaltigen Eindruck von der Verletzbarkeit moderner Gesellschaften gegeben." [3] Obwohl die Elektrizitätsversorgung jeweils nur einige Tage unterbrochen wurde und sich auf einzelne Regionen begrenzte, traten gravierende Folgen auf. Die Versorgung (Wasser, Lebensmittel etc.) wurde exorbitant gestört, die öffentliche Ordnung konnte stellenweise nicht mehr sichergestellt werden und Verluste im Wirtschaftssektor in Milliardenhöhe wurden verzeichnet. Hinsichtlich eines großflächigen und langandauernden Stromausfalls wäre eine Verstärkung dieser Effekte mit beunruhigenden Auswirkungen zu erwarten.[4]

In Anbetracht der aktuellen Organisation und des Aufbaus der Stromversorgung sowie der relativ hohen Sicherheit vor Ausfällen des Gesamtsystems, ist allerdings ein länger andauernder

---

[1] **Ethik-Kommission** (2011) S.17 f.
[2] Beispielsweise im August 2003 in Nordamerika und im November 2005 im Münsterland.
[3] **o. V., Studie „Stromausfall hätte katastrophale Folgen"** (2011).
[4] Vgl. **o. V., Studie „Stromausfall hätte katastrophale Folgen"** (2011).

und großräumiger Stromausfall in Deutschland bzw. generell in Europa eher als unrealistisch einzustufen. Auch nach Auffassung der Elektrizitätsversorger müssen „mehrere, ganz bestimmte Elemente ausfallen oder gestört werden"[1], um einen katastrophenähnlichen Zustand einzuleiten.[2] Ein Grund hierfür ist das N-1-Kriterium, ein gesetzlich vorgeschriebene Standard, nachdem in einem gewissen Gebiet, in das auch Deutschland fällt, die Verbundnetze zu führen sind.

Andere Quellen zeigen jedoch auf, dass die Stromnetze seit dem Beginn des Atomausstiegs bereits labiler geworden sind. Es fehlt nicht nur an geeigneten Netzstrukturen, die starke Leistungsspitzen tragen können (z.B. bei Sonnenaufgang wird schlagartig eine hohe Leistung aus Photovoltaikanlagen in das Stromnetz gespeist), sondern auch an einem zuverlässigen Ersatz der abgeschalteten Atomkraftwerke.[3]

Die Industrie hält die Elektrizitätsversorgung in Deutschland ebenfalls nicht mehr für zuverlässig. Sie sieht sich mit einer „beunruhigende[n] Häufung von Netz- und Frequenzschwankungen konfrontiert wie es sie in den vergangenen Jahrzehnten nicht gegeben"[4] hat. Auch die Netzverwalter müssen seit der Einleitung der Energiewende öfter eingreifen, um Spannungsschwankungen zu verhindern.[5] Im Zuge dessen werden i.d.R. veraltete Gaskraftwerke sowie Spitzenlastkraftwerke hochgefahren.

In den anschließenden Unterpunkten werden die Folgen der Energiewende genauer erläutert. Dies erfolgt überwiegend vor den Hintergrund des Szenarios eines Stromausfalls. Die Grundlage hierfür bildet hier eine Studie des Ausschusses für Bildung, Forschung und Technikfolgeabschätzung über die Gefährdung und Verletzbarkeit moderner Gesellschaften – am Beispiel eines großräumigen und langandauernden Ausfalls der Stromversorgung.[6] Aufgrund dessen, dass ein länger anhaltender und mehrere Bundesländer betreffender Elektrizitätsausfall eher ausgeschlossen werden kann, wird im Folgenden ein regional begrenzter Ausfall in einem Zeitrahmen von bis zu 24 Stunden betrachtet. Eine weitere Auswirkung der Energiewende ist ein drohender verstärkender Effekt des Anstiegs der Energiepreise, auf den auch im weiteren Verlauf mit Bezug auf die deutsche Produktion und Logistik eingegangen wird. Nachfolgend wird zunächst auf nachteilige Folgen der Energiewende eingegangen, die beide Bereiche betreffen. Danach erfolgt eine Unterteilung in Folgen auf die Produktion und Folgen auf die Logistik.

3.1 Entstehende Kosten durch einen Stromausfall

An erster Stelle ist zu sagen, dass die Kosten, die durch einen Ausfall der Stromversorgung entstehen, auf ökonomischer Grundlage nur schwer zu bewerten sind. Der Grund hierfür liegt in

---

[1] **Ausschuss für Bildung, Forschung und Technikfolgeabschätzung** (2011) S. 30.
[2] Vgl. **Ausschuss für Bildung, Forschung und Technikfolgeabschätzung** (2011) S. 30.
[3] Vgl. **Wetz, Andreas** (2011).
[4] **Stratmann, Klaus** A (2011).
[5] Vgl. **o.V., Bedingt ausstiegsbereit** (2011) S. 10.
[6] Vgl. **Ausschuss für Bildung, Forschung und Technikfolgeabschätzung** (2011).

den zahlreichen Faktoren eines Elektrizitätsausfalls, die Einfluss auf die Höhe der verursachten Kosten nehmen: Dauer und Ausmaß, Zeitpunkt (z.B. Tag oder Nacht, Sommer oder Winter), Quelle (z.B. Kraftwerk oder ein Leitungsnetz) und Art sowie Umfang betroffener Verbrauchergruppen (z.B. Industrie und/oder Haushalte).[1]

Die Kalkulation der durch einen Stromausfall verursachten Schäden, erfolgt häufig durch den Preis je nichtgelieferter KWh. Auf Seiten der Verbraucher aus dem Industriesektor sind die Kosten jedoch schwierig zu berechnen, da sie sich nur teilweise aus der nicht gelieferten Strommenge ergeben. Kosten entstehen beispielsweise auch durch Schäden an elektronischen Geräten und Anlagen sowie durch den Verderb von Waren. In Produktions- und Logistikunternehmen treten monetäre Verluste vor allem durch die Unterbrechung der Wertschöpfung auf.[2]

Die Auswirkungen auf die Wirtschaft bei einem Stromausfall in Deutschland wurden mittels einer Metastudie berechnet. Hierbei wurden die Kosten eines Elektrizitätsausfalls aus 25 internationalen Studien ermittelt, wobei der intensive Stromverbrauch der deutschen Wirtschaft berücksichtigt wurde. Demnach entstehen Kosten in Höhe von acht bis 16 € pro ausgefallener KWh. Für einen einstündigen, ganz Deutschland betreffenden Stromausfall an einem Werktag im Winter, ergibt sich demnach ein wirtschaftlicher Schaden zwischen 0,6 und 1,3 Mrd. €.[3] Darüber hinaus sind die Kosten für die Wiederinbetriebnahme der Produktions- und Logistikprozesse sowie die Beseitigung von Schäden zu berücksichtigen. Ferner sind auch immaterielle Schäden wie z.B. der Vertrauensverlust der Bevölkerung in die EVU nicht zu unterschätzen.[4]

Diese und weitere Studien (siehe Anhang Punkt e) zeigen den erheblichen finanziellen Schaden in vielen Wirtschaftssektoren auf, der in der Folge einer Unterbrechung der Stromversorgung resultieren kann.

3.2 Informationstechnologie und Telekommunikation

Informationstechnik (IT) und Telekommunikation (TK) ermöglichen eine ortsunabhängige Kommunikation, eine schnelle Datenübertragung sowie die Steuerung von Prozessen. Damit sind sie existenziell für die Bereiche Produktion und Logistik. Zu den wichtigsten Übertragungsmitteln von Informationen zählen Festnetztelefonie, Mobilfunk, Internet, Funk und Rundfunk.[5]

Zu den besonderen Merkmalen des Sektors IT/TK, die diesen von anderen Infrastrukturen unterscheidet, gehören eine fast 100%-ige Stromabhängigkeit, weitreichenden Interdependenzen mit nahezu allen weiteren Kritischen Infrastrukturen und eine hohe Kritikalität.[6] Ein Ausfall dieses Sektors hätte weitreichende Folgen auf Produktion und Logistik.

---

[1] Vgl. **Ausschuss für Bildung, Forschung und Technikfolgeabschätzung** (2011) S. 31.
[2] Vgl. **Ausschuss für Bildung, Forschung und Technikfolgeabschätzung** (2011) S. 31.
[3] Vgl. **Ausschuss für Bildung, Forschung und Technikfolgeabschätzung** (2011) S. 32.
[4] Vgl. **Ausschuss für Bildung, Forschung und Technikfolgeabschätzung** (2011) S. 32.
[5] Vgl. **Ausschuss für Bildung, Forschung und Technikfolgeabschätzung** (2011) S. 33.
[6] Vgl. **Ausschuss für Bildung, Forschung und Technikfolgeabschätzung** (2011) S. 37 f.

Im Telekommunikationsgesetz (TKG) ist festgeschrieben, dass von den Anbietern „angemessene technische Vorkehrungen oder sonstige Maßnahmen zum Schutze gegen Störungen, die zu erheblichen Beeinträchtigungen von Telekommunikationsnetzen führen, und gegen äußere Angriffe und Einwirkungen von Katastrophen zu treffen sind." Durch dieses Gesetz ist zwar vorgeschrieben, dass ein Mindestangebot an Telekommunikationsdienstleistungen im Falle einer Krise bzw. Katastrophe zu gewährleisten ist, jedoch wird primär auf militärische Verteidigungsfälle sowie Naturkatastrophen verwiesen. Die Bereitstellung von IT und TK im Falle eines Elektrizitätsausfalls wird in den aktuellen Gesetzen nur ungenügend berücksichtigt, sodass sich hier keine konkreten Vorschriften für die Krisenprävention ableiten lassen.[1]

Die Abhängigkeit von der Elektrizitätsversorgung hat sich durch die fortschreitende Digitalisierung erhöht. Bis Mitte der 90er Jahre konnten bei einem Ausfall der Stromversorgung analoge Telefonapparate über analoge Teilnehmeranschlüsse des Telefonnetzes noch genutzt werden. Die mittlerweile weit verbreiteten digitalen Anschlüsse (meistens über DSL-Router) und Endgeräte funktionieren nur mit einer einwandfreien Stromversorgung. Bei einem Ausfall der Elektrizität droht eine sofortige Unterbrechung der Festnetztelefonie sowie des Internetzugangs, da DSL-Router über keine Batteriepuffer verfügen.[2]

Im Hinblick auf die Festnetztelefonie weisen übergeordnete Knotenpunkte, sogenannte Vermittlungsstellen, eine herausragende Bedeutung auf. Die Teilnehmeranschlüsse sind an Ortsvermittlungsstellen angeschlossen. Diese sind wiederum mit Fernvermittlungsstellen verbunden. Anlagen zur Unterbrechungsfreien Stromversorgung (USV) sind zwar bei den Knotenpunkten vorhanden, aber bei einem Ausfall der Endgeräte kann auch die Festnetztelefonie sowie der Internetzugang nicht mehr aufrechterhalten werden (siehe Kapitel 4.2.1 für weitere Informationen über USV). Liegt eine Ortsvermittlungsstelle im betroffen Gebiet des Stromausfalls, kann die USV je nach Betreiber und Standort zwischen 15 min und acht Stunden überbrücken. Bei den Fernvermittlungsstellen verfügt die USV über einen deutlich höheren Puffer von 8 bis 48 Stunden. Wenn jedoch in der betroffenen Region die Ortsvermittlungsstellen ausfallen, können auch die Fernvermittlungsstellen weder Festnetztelefonie noch den Zugang zum Internet mehr ermöglichen.[3]

An dieser Stelle lässt sich die geringe Zuverlässigkeit des Festnetzes bei einem Blackout erkennen. Diese Problematik zeigte sich auch 2005 beim „Schneechaos" von Münster. Nach einer Umfrage konnten 88 % der 591 befragten Einwohner das Festnetz nicht benutzen.[4]

Ein weiterer Aspekt des Sektors IT/TK betrifft den Mobilfunk, bei dem die Endgeräte zwar i.d.R. mit einer internen Stromversorgung ausgestattet sind, jedoch werden die Basisstationen relativ schnell ausfallen. Diese können mit ihrer USV – ähnlich wie die Ortsvermittlungsstellen – 15 min bis acht Stunden weiterbetrieben werden. In deren Einzugsgebiet können die Teilnehmer

---

[1] Vgl. **Ausschuss für Bildung, Forschung und Technikfolgeabschätzung** (2011) S. 35.
[2] Vgl. **Ausschuss für Bildung, Forschung und Technikfolgeabschätzung** (2011) S. 38.
[3] Vgl. **Ausschuss für Bildung, Forschung und Technikfolgeabschätzung** (2011) S. 41.
[4] Vgl. **Ausschuss für Bildung, Forschung und Technikfolgeabschätzung** (2011) S. 41.

unmittelbar keinen Anschluss mehr finden. Den Basisstationen sind die zentralen Vermittlungsstellen, welche durch einen verstärkten Einsatz von USV-Anlagen über einen Puffer von acht bis 48 Stunden verfügen, hierarchisch übergeordnet. Sie haben in etwa die gleiche Funktionsweise wie die Fernvermittlungsstellen im Festnetz.[1]

Im Bereich IT hat die Internetnutzung eine große Bedeutung für die Produktion und die Logistik. Hinsichtlich des Internetzugangs ist zwischen zwei Arten von Endgeräten zu unterscheiden: Es gibt zum einen stromabhängige Endgeräte (Desktopcomputer, Server) und zum anderen solche, die mit einer internen Energieversorgung (Laptop, Netbook, Smartphone etc.) ausgestattet sind. Erstere fallen sofort aus, während die akkubetriebenen Geräte je nach Nutzungsweise und Ladezustand zwischen einigen Stunden und Tagen genutzt werden können. Verfügen diese Geräte über ein integriertes Modem oder Mobilfunkzugänge, kann über diese weiterhin ins Internet gegangen werden. Fraglich bleibt allerdings, ob das Modem eine funktionierende Vermittlungsstelle bzw. Basisstation erreichen kann.[2]

Von den öffentlichen Netzen sind spezialisierte bzw. nichtöffentliche Datennetze abzugrenzen. Beispielsweise zählen hierzu die Zahlungsverkehrsnetze der Banken, die über eine gute Vorsorge gegen Elektrizitätsausfälle verfügen.[3] Die Geldautomaten der Banken kommen jedoch bei einer Unterbrechung der Stromversorgung sofort zum Erliegen.

Der letzte Aspekt in diesem Zusammenhang bezieht sich auf den Rundfunk. Hier sind die Rundfunksendeanstalten gesetzlich dazu verpflichtet für die Notfallinformation und -kommunikation vorzusorgen. Aufgrund ihrer guten Krisenprävention können sie im Falle eines Stromausfalls über mehrere Tage weiterberichten. Als Empfangsgerät verbleibt letzten Endes auch nur das batteriebetriebene Radio (Fernsehgerät, Computer usw. fallen aus). Diese können i.d.R. Stunden bis sogar zu einigen Wochen (z.B. Autoradio) empfangsbereit bleiben und sind in fast jedem Haushalt zu finden.[4]

3.3 Nachteilige Folgen auf die Produktion

Die Energiewende birgt viele Gefahrenquellen, die sich nachteilig auf die deutsche Produktion auswirken können. Die deutsche Wirtschaft basiert zu einem Großteil auf energieintensive Industrien (z.B. Metall-, Chemie- und Kunststoffindustrie) und auf zahlreichen Branchen, denen diese Industrien vorgelagert sind. Insbesondere diese und weitere Produktionsunternehmen sind von einer funktionierenden Stromversorgung abhängig. Die Industrie ist mit einem Anteil von 45% am Gesamtstromverbrauch der primäre Elektrizitätsverbraucher. Die Haushalte beziehen hingegen nur rund 28%.[5]

---

[1] Vgl. **Ausschuss für Bildung, Forschung und Technikfolgeabschätzung** (2011) S. 42.
[2] Vgl. **Ausschuss für Bildung, Forschung und Technikfolgeabschätzung** (2011) S. 42.
[3] Vgl. **Ausschuss für Bildung, Forschung und Technikfolgeabschätzung** (2011) S. 44.
[4] Vgl. **Ausschuss für Bildung, Forschung und Technikfolgeabschätzung** (2011) S. 104.
[5] Vgl. **Bundesministerium für Wirtschaft und Energie** (2012) Tabellenblatt Nr. 21.

Die Energiewende kann sich nicht nur auf den Strompreis auswirken, sondern auch Netzausfälle und Frequenzschwankungen hervorrufen, die negative Folgen auf Prozesse und Informations- sowie Telekommunikations-Systeme der Produktion haben können. Ferner werden evtl. auch die Versorgung mit Brauchwasser sowie die Entsorgung von Abwasser und Müll eingeschränkt. Die im letzten Satz genannten betroffenen Bereiche, werden in dieser Arbeit, um den Rahmen nicht zu sprengen, ausgelassen.

Im Folgenden wird nacheinander auf die drohenden Auswirkungen der Energiewende auf die Energiepreise, die IT/TK im Bereich der Produktion (aufgrund ihrer existenziellen Bedeutung für die Produktion) und die Produktionsprozesse einzeln eingegangen.

3.3.1 Steigende Energiepreise

Vorab ist an dieser Stelle zu erwähnen, dass bereits einige Aspekte über die Folgen steigender Energiepreise durch die Energiewende im Kapitel 2.1.3 genannt wurden.

Die Strompreise steigen kontinuierlich von Jahr zu Jahr an.[1] Der vorgezogene Atomausstieg verstärkt diesen Prozess. Dadurch sind hohe finanzielle Aufwände vor allem bei den energieintensiven Industrien zu verbuchen.[2] Zu diesen lassen sich das Papiergewerbe (mit einem Anteil der Energiekosten von 7,3% am Bruttoproduktionswert [BPW]), die Metallerzeugung und –bearbeitung (8,3%), die chemische Industrie (5,1%), die Herstellung von Gummi- und Kunststoffwaren (3,0%) sowie das Keramikgewerbe mit der Verarbeitung von Steinen und Erden (7,4%) zählen. Obwohl beispielsweise der Maschinenbau und die Herstellung von Kraftwagen sowie –komponenten hohe Energiekosten verursachen, liegen ihre Anteile am BPW jeweils nur bei ca. 1%.[3] Für diese Industrien ist eine Veränderung des Strompreises hingegen nur von geringer Bedeutung.

Es ist davon auszugehen, dass sich die Strompreise für die Industrie aufgrund der Einleitung der Energiewende um 1 Cent je KWh erhöht haben. Dieser Anstieg kostet dem Sektor gemessen am durchschnittlichen Stromverbrauch der vergangenen Jahre ca. 2 Mrd. € zusätzlich im Jahr. Auf die Metallindustrie verfallen dabei rund 460 Mrd. €. Betroffen sind auch die Chemieindustrie mit 340 Mrd. €, die Papierindustrie mit 150 Mrd. € und die Automobilindustrie hat 160 Mrd. € an zusätzlichen Kosten zu tragen.[4]

Die stromintensiven Branchen Deutschlands sahen sich bereits vor dem Atommoratorium im internationalen Vergleich mit relativ hohen Strompreisen konfrontiert (siehe Kapitel 2.1.3). Im EU-Vergleich weist Deutschland auch für andere Energien, die neben Strom für einige Branchen von existenzieller Bedeutung sind, fast die höchsten Preise für die Industrie vor.[5] Der Endenergieverbrauch der Industrie liegt insgesamt bei ca. 28% und ist damit so hoch wie der

---

[1] Vgl. **Bundesministerium für Wirtschaft und Energie** (2012) Tabellenblatt Nr. 29a.
[2] Vgl. **o.V., Atomausstieg – Höhere Strompreise kosten Industrie Milliarden** (2011).
[3] Vgl. **Bundesministerium für Wirtschaft und Energie** (2012) Tabellenblatt Nr. 27.
[4] Vgl. **o.V., Atomausstieg – Höhere Strompreise kosten Industrie Milliarden** (2011).
[5] Vgl. **Bundesministerium für Wirtschaft und Energie** (2012) Tabellenblatt Nr. 29.

Wert für die Haushalte. Für die Prozesswärme wird beispielsweise hauptsächlich Gas benötigt. Dieses macht 29% vom Gesamtenergieverbrauch (GeV) in der Industrie aus.[1] Beim Erdgas lagen 2011 nur Dänemark und Schweden über den deutschen Wert von 4,57 c/KWh.[2] Ein weiterer Bestandteil der Prozesswärme ist Kohle mit 15,5% vom GeV in der Industrie. Strom ist hingegen vor allem für die mechanische Energie notwendig, aber auch für IT/TK sowie die Beleuchtung (zusammen 24,2%).[3]

Abschließend ist zu sagen, dass mit einem weiteren Anstieg der Energiepreise und einem verstärkenden Anstiegseffekt durch die Energiewende, insbesondere für Elektrizität, zu rechnen ist (siehe Kapitel 2.1.3).

3.3.2 Produktionsprozesse

Seit der Einleitung der Energiewende beklagen sich viele Produzenten über deren Folgen auf Fertigungsprozesse. Netzausfälle und Spannungsschwankungen im Millisekundenbereich können zu massiven Schäden an Anlagen und hohen Umsatzeinbußen führen. Sie sind in den meisten Fällen die Ursache für Produktionsstillstände.[4] Eine Häufung dieser Fälle ist zu erwarten, wenn die Netze nicht aus- und umgebaut werden.

Mit Hilfe des System Average Interruption Duration Index (SAIDI) wird die Versorgungsqualität dargestellt. Der zuletzt ermittelte SAIDI-Wert besagt, dass die Endverbraucher durchschnittlich 15 min in 2010 durch Versorgungsunterbrechungen betroffen waren. Im internationalen Vergleich ist dieser Wert relativ gering. An dieser Stelle ist jedoch zu kritisieren, dass im SAIDI-Wert nur Unterbrechungen aufgenommen werden, die länger als drei Minuten dauern. Diese sind von den Netzbetreibern an die Bundesnetzagentur zu übermitteln.[5] Frequenzschwankungen und Ausfälle im Millisekundenbereich, die folgenreiche Schäden und Kosten bei komplexen Produktionsprozessen verursachen können, bleiben daher unberücksichtigt.

Bei einem instabilen Stromnetz entstehen schwerwiegende ökonomische Schäden insbesondere in Industriebetrieben, die auf eine fortwährende Elektrizitätsversorgung angewiesen sind und nach Leistungsunterbrechungen Produktionsprozesse nicht sofort weiterführen können (wie etwa die chemische Industrie oder die Lebensmittelverarbeitung).[6] Auch in andern Industrien erweist sich die Wiederinbetriebnahme von Produktionsprozessen nach einem Stromausfall als sehr zeitintensiv. Die Maschinen müssen als erstes wieder in ihren Ausgangszustand gebracht werden. Teilweise müssen hierbei Teile, die beim Ausfall der Netzspannung beschädigt wurden,

---

[1] Vgl. **Bundesministerium für Wirtschaft und Energie** (2012) Tabellenblatt Nr. 7.
[2] Vgl. **Bundesministerium für Wirtschaft und Energie** (2012) Tabellenblatt Nr. 29.
[3] Vgl. **Bundesministerium für Wirtschaft und Energie** (2012) Tabellenblatt Nr. 7.
[4] Vgl. **Reveman, Steffan** (2010) S. 34.
[5] Vgl. **Martin, Fritz** (2012) S. 100.
[6] Vgl. **Krumrey Henning** B (2011) S. 49.

ersetzt werden. Erst danach ist ein Wiederanfahren der Maschinen möglich. Dies kann einige Minuten in Anspruch nehmen und verursacht i.d.R. weitere Umsatzeinbußen.[1]
Industriebetriebe, die sieben Tage die Woche und 24 Stunden am Tag produzieren, verfügen meistens über sehr teure Anlagen, die viel Energie benötigen. Schon eine kurze Unterbrechung führt zu erheblichen Anlagenschäden und Produktionsausfällen. Dies betrifft vor allem die metallverarbeitenden Industrien. Aluminium-, Zink- und Kupferhütten können maximal ein bis zwei Stunden ohne Elektrizität auskommen. Ein sechsstündiger Produktionsausfall würde z.b. für das Unternehmen Xstrata Zink einen Kostenbetrag von über 10 Millionen Euro verursachen.[2] Ein Grund hierfür sind die immer empfindlicher werdenden technischen Geräte, die bereits bei geringen Abweichungen Schaden nehmen. [3] Ein weiteres Beispiel betrifft den Aluminiumverarbeiter Norsk Hydro. Im Juli 2011 hat ein unvorhersehbarer Spannungseinbruch in einem Großwalzwerk Konzerns in Neuss zu einem Schaden von 200.000€ geführt.[4] Auch der Aufsichtsrat-Vorsitzende und Eigentümer von Trimet-Aluminium (ein weiteres Aluminiumverarbeitungsunternehmen), Heinz-Peter Schlüter, macht auf die drohenden Anlagenschäden aufmerksam: „Nur vier Stunden ohne Stromversorgung und die Produktionsanlagen meiner Unternehmung wären irreparabel zerstört."[5] Ein Ausfall der Elektrizität von wenigen Minuten kann die Produktion in Aluminiumhütten sogar für mehrere Wochen lahmlegen.[6] Ein weiteres Beispiel bietet die Stahlverarbeitung. Hier wird für das Einschmelzen von Schrott Wasser für Kühlwasserkreisläufe benötigt. Ohne Energiezufuhr würde es nach einer Weile gefrieren. Anlagenschäden in Millionenhöhe wären die Folgen.[7] Dennoch ist die Stahlindustrie, die teils mit konventionellen Hochöfen anstatt mit Elektroöfen ausgestattet sind, weniger stark von den Folgen eines Stromausfalls gefährdet. Unternehmen der Stahlbranche wie z.B. Salzgitter und ThyssenKrupp betreiben überdies eigene Kraftwerke und für den Ernstfall stehen Dieselaggregate bereit, um die Kokereien zu versorgen.
Auch die Lebensmittelbetriebe mit ca. 250 gekühlten Großlagern in Deutschland wären im Extremfall in den ersten 24 Stunden eines Stromausfalls kaum betroffen. Die Lufttemperatur in den Kühlhäusern liegt zwischen minus 24 und 28 Grad Celsius und damit sechs Grad niedriger als vorgeschrieben. Die Hallen sind so gut isoliert, dass die Temperatur der Luft bei geschlossenen Türen pro Tag um nur ca. ein Grad ansteigt. Die Ware selbst erwärmt sich noch langsamer. Mindestens eine Woche kommen daher die Betreiber der Kühlhäuser ohne Strom aus.[8]
Viele wichtige Industriezweige weisen eine horizontale Integration auf und benötigen für die Produktion Erzeugnisse aus vorgelagerten, oftmals energieintensiven Branchen. Beispielsweise

---

[1] Vgl. **Fels, Edgar** (2011) S. 5
[2] Vgl. **Krumrey Henning** B (2011) S. 49.
[3] Vgl. **Reveman, Steffan** (2010) S. 34.
[4] Vgl. **Stratmann, Klaus** A (2011).
[5] Vgl. **Fels, Edgar** (2011) S. 5
[6] Vgl. **Möckli, Andreas** (2012) S. 3.
[7] Vgl. **Möckli, Andreas** (2012) S. 3.
[8] Vgl. **Krumrey Henning** B (2011) S. 50.

zählen die Metall- und Elektroindustrie zu den vorgelagerten und der Maschinenbau sowie die Automobilbranche zu den nachgelagerten Industriezweigen. Insbesondere letztere stellen für den Wohlstand Deutschlands eine herausragende Rolle dar. Durch eventuell eintretende Stromausfälle und/oder steigende Energiepreise als Folge der Energiewende, besteht die Gefahr des Verlustes Wettbewerbsfähigkeit und sogar der Rentabilität dieser Industrien. Auch auf weitere Branchen mit energieintensiven Produktionsprozessen wie z.B. die chemische Industrie, die von großer Bedeutung für die deutsche Wirtschaft ist, kann die Energiewende negative Auswirkungen haben. Außerdem bestehen aufgrund der europäischen sowie deutschen Energiepolitik Unsicherheiten bezüglich zusätzlicher Belastungen in der Zukunft, sodass mittlerweile Investitionen in energieintensive Branchen zurückgehen.[1]

Ein weiterer Punkt betrifft die Produktions- bzw. Terminplanung. Produktionsprozesse sind eng mit logistischen Prozessen, wie der Beschaffung, dem Materialfluss und der Distribution verbunden. Bei einem Stromausfall können diese Prozesse beeinträchtigt werden (siehe Kapitel 3.4 sowie nachfolgende Unterkapitel). Produkte können aufgrund eines eingeschränkten Materialflusses und dem Stillstand von Maschinen nicht rechtzeitig fertiggestellt werden. Dadurch erfolgen u.U. Umsatzeinbußen, da erstens nicht genügend Produkte für den Absatz hergestellt werden können und zweitens Kunden die Annahme verspäteter Lieferungen verweigern können.[2] Viele Unternehmen haben auch keine großen Lager vorzuweisen, auf die sie zurückgreifen könnten, um Kunde zu beliefern.[3] Für Produktionsabläufe, die durch Effizienz- und Kostendruck so optimiert wurden, dass Just-in-Time (JIT) oder Just-in-Sequence (JIS) geliefert wird, hat ein Stromausfall weitaus gravierendere Folgen. Die Fertigung von Produkten ist hier von zahlreichen Einflussfaktoren (z.B. zeitlich aufeinander abgestimmte Materialflüsse) abhängig und eine engere Verbindung zu logistischen Prozessen, die auch durch einen Ausfall der Elektrizität behindert werden können, liegt vor.

Produktionsprozesse basieren in vielen Großbetrieben vor allem auf Fabrikautomation. Diese weist eine hohe Stromabhängigkeit auf und wäre somit im Falle eines Blackouts stark betroffen. Zur Fabrikautomation werden z.B. Robotik, Förder- und Handhabungstechnik, Hydraulik, Elektromechanik und Mechatronik gezählt. Eine unterbrechungsfreie Produktion ist für viele Verfahren im Bereich der Fabrikautomation von hoher Bedeutung, da ansonsten hohe Ausschussraten entstehen. Diese können vor allem bei Prozessen mit Druckluft und in Öfen auftreten, da hier bei einem vorzeitigen Abbruch der Fertigung unbrauchbare Produkte entstehen.

Des Weiteren hat ein Ausfall der Elektrizität Folgen auf interne sowie externe Sicherheitssysteme. Beispielsweise werden Alarmanlagen und Überwachungskameras nicht mehr funktionieren. Fabriken und Lagerhäuser sind daher u. U. von Plünderungen bedroht. Auch Sicherheitssysteme,

---

[1] Vgl. **Schürmann, Hans** (2012) S. 2.
[2] Vgl. **Trilling, Michael** (2011).
[3] Vgl. **Möckli, Andreas** (2012) S. 3.

die für den Menschen von Relevanz sind, können ausfallen. In der chemischen Industrie können beispielsweise nicht mehr funktionierende Dunstabzüge (die u.a. für giftige Gase genutzt werden) verehrende Folgen haben.

3.3.3. Folgen auf die Informationstechnologie und Telekommunikation in der Produktion

Die Produktion weist in vielen Unternehmen direkte sowie indirekte Abhängigkeiten von funktionierenden IT- und TK-Systemen auf. Deren Nutzung ist im Falle eines Stromausfalls stark eingeschränkt oder sogar gar nicht mehr möglich (siehe Kapitel 3.2).

IT-Systeme haben heutzutage einen starken Einfluss auf die Fertigung. Die Kosten für einen Ausfall der IT in der Produktion sind daher sehr hoch und wurden in einer Studie von 2009 der Berner Fachhochschule auf 5.000€ pro Stunde für mittelständische Unternehmen geschätzt.[1] Die Standish Group ermittelte 2006[2] in einer Studie hingegen die Kosten eines IT-Ausfalls in der Produktion von Großunternehmen. Diese betragen demnach 5.000 bis 10.000 US$ pro ausgefallender Minute (ca. 4.000 bis 8000 € zum damaligen Wechselkurs).[3] Computerbasierende Enterprise-Resource-Planning-Systeme (ERP-Systeme) sind beispielsweise solche IT-Systeme, die im engen Zusammenhang mit der Produktion stehen. Diese werden u. A. für die Dokumentation genutzt, sodass beispielsweise nachvollzogen werden kann, welche Teile bereits in einer Maschine verbaut wurden sind. Neben Datenbanksystemen gibt es weitere computerbasierende Dokumentationsverfahren, mit denen Produktionsdaten erfasst werden. Bei fehlender Netzspannung von wenigen Sekunden reagieren klassische Personal Computer (PC) mit Datenverlust. Den Unternehmen droht damit der Verlust wertvoller Kundendaten und Konstruktionszeichnungen.

Außerdem wird die Kalkulation beeinträchtigt. Die Kosten für die Wiederherstellung der Daten belaufen sich auf Beträge im vier- bis fünfstelligen Bereich. Bei einem Elektrizitätsausfall, müssen die Daten eventuell handschriftlich oder mit Hilfe einer Schreibmaschine festgehalten werden, um diese später nachträglich in die IT-Systeme einpflegen zu können. Mit batteriegepufferten PC ist es Unternehmen möglich die Daten rechtzeitig zu sichern.[4] An dieser Stelle ist hervorzuheben, dass fast jedes zweites mittelständisches Unternehmen in Europa über keinerlei Absicherung für den Ausfall von IT-Systemen verfügt.[5] Bei Kleinunternehmen ist dieser Wert sogar noch um einiges geringer einzuschätzen. Großunternehmen verfügen hingegen oftmals über eine gute Prävention gegen Stromausfälle in der IT.

Des Weiteren werden bei Produktionsanlagen oftmals zusammenhängende Ethernet-Lösungen eingesetzt. Deren Nutzung ermöglicht dabei eine vertikale Integration, d. h. die

---

[1] Vgl. **Maier, Sarah** (2009).
[2] Aktuellere Studien existieren bisher nicht. Aufgrund des Alters der Studie, kann für das Jahr 2012 der Betrag pro Minute ausgefallener IT etwas höher eingeschätzt werden. Der Grund hierfür liegt in dem gestiegenen Einsatz von IT in der Produktion.
[3] Vgl. **Lenz, Ulrich** (2006).
[4] Vgl. **Krumrey Henning** B (2011) S. 49.
[5] Vgl. **Pütter, Christiane** (2011).

Zusammenführung von Geschäftsprozessen und technischen Prozessen. Die Basis bildet hierbei bildet das Computer Integrated Manufacturing (CIM).[1]

Wichtig zu erwähnen ist, dass in einigen Branchen wie z.b. der chemischen und pharmazeutischen Produktion eine lückenlose Überwachung langwieriger Herstellungsverfahren unabdingbar ist. Ein Ausfall von IT-Systemen führt hier zwangsläufig zu Produktionsstillständen.[2] Bei einem Ausfall der IT ist auch eine JIT-, JIS- und Kanban-Produktion nicht mehr möglich. Bei diesen Verfahren müssen Lagerbestände zeitlich genau und korrekt geführt werden. Dies wird in den meisten Fällen mit Hilfe von Computern durchgeführt. Eine fortwährende Verbrauchsermittlung, ebenso basierend auf Computersystemen, ist hierfür notwendig.

Ein weiterer Aspekt betrifft die interne sowie externe Kommunikation von Unternehmen. Die externe ist bei einem Ausfall der Elektrizität besonders stark betroffen, da es kaum alternative Kommunikationsmittel hierfür gibt. Die Kommunikation mit den Kunden wird folglich stark eingeschränkt. Während des Ausfalls der IT- und TK-Systeme werden nahezu keine Aufträge mehr eingehen, Details bezüglich der laufenden Produktion können nicht mehr mit den Kunden abgesprochen werden und das Empfangen sowie Ausdrucken wichtiger Fracht- und Lieferpapiere wird nicht mehr möglich sein. Infolgedessen wird u. U. das Produktionstempo reduziert und Erzeugnisse können zu einem Großteil nicht mehr ausgeliefert werden.

Bezüglich der unternehmensinternen Kommunikation ist zu sagen, dass gewisse Alternativen in Form persönlicher Gespräche und schriftlicher Aushänge zwar genutzt werden können, jedoch ist durch solche Substitute eine synchrone und direkte Fern- sowie zeitnahe Massenkommunikation nicht mehr gewährleistet.[3] Fertigungstermine können aufgrund fehlender Absprachen und eines höheren Zeitaufwandes für die Kommunikation nicht mehr eingehalten werden.

Externe Einflussfaktoren beziehen sich grundsätzlich auf logistische Prozesse. Ein Ausfall der IT- und TK-Systeme schränkt die Kommunikation mit den Lieferanten ein. Lagerbestände können nicht mehr elektronisch erfasst werden und die Entnahme von Beständen wird insbesondere in Großunternehmen erschwert (siehe Kapitel 3.4.6).

Ein weiterer Punkt betrifft die Finanzflüsse. Bei einem Stromausfall können Geldautomaten der Banken nicht mehr genutzt werden. Zwar lagern die Kreditinstitute Hartgeld vor, dennoch ist mit einem Hartgeldmangel besonders in Kleinunternehmen zu rechnen. Teilweise können auch Überweisungen nicht mehr getätigt werden, sodass weder Lieferanten bezahlt noch von Kunden Geld eingehen kann. Die Produktion verzögert sich u.U.

---

[1] Vgl. **Siepermann, Markus** (2012).
[2] **Lenz, Ulrich** (2006).
[3] Vgl. **Ausschuss für Bildung, Forschung und Technikfolgeabschätzung** (2011) S. 37.

3.4 Nachteilige Folgen der Energiewende auf die Logistik

Allgemein ist vorweg zu sagen, dass die Logistik eine enge Verbindung mit der Produktion aufweist, sodass diese in einem gegenseitigen Abhängigkeitsverhältnis stehen. Insbesondere Ausfälle in der Logistik haben starke Auswirkungen auf die Fertigung und können im Extremfall sogar zu Produktionsstillständen führen. Ferner ist zu betonen, dass zwar verglichen mit anderen Verbrauchergruppen der Sektor Verkehr insbesondere aufgrund der eingesetzten Transportmittel mit 3,2% Anteil am Gesamtstromverbrauch wesentlich stromunabhängiger ist als die Industrie (mit 44%) und die Haushalte (mit 27,7%).[1] Der Endenergieverbrauch im Bereich Verkehr liegt jedoch mit 28,2% in etwa so hoch wie bei den beiden anderen Sektoren.[2] Dies lässt sich auf den hohen Kraftstoffeinsatz im Verkehrssektor zurückführen.

Für die Infrastrukturen, die notwendig für den Gütertransport sind, ist hingegen eine hohe Stromabhängigkeit zu erkennen. Die Analyse der Folgen der Energiewende auf die Logistik erfolgt zunächst nach den vier zentralen Verkehrsträgern: Straße, Schiene, Luft und Wasser. Alle Teilsektoren weisen eine starke Elektrizitätsabhängigkeit auf. Diese betrifft auch die Steuerung und Organisation des entsprechenden Verkehrsträgers. Der mittlerweile stark verbreitete Einsatz moderner IT- und TK-Systeme vor allem bei der Verkehrsleitung und in Fahrzeugen ist hauptsächlich für die in den letzten Jahrzehnten gewachsene Abhängigkeit von der Elektrizitätsversorgung verantwortlich.

Im nächsten Schritt werden auch die Auswirkungen der Energiewende auf den Kraftstoffverbrauch (Reduzierung der CO_2-Emissionen und zu senkender Endenergieverbrauch) eingegangen. Im letzten Schritt werden die Folgen auf Logistikprozesse analysiert. Die Untersuchung erfolgt in diesem Fall wieder vor dem Hintergrund eines eintretenden Stromausfalls.

3.4.1 Straße

Deutschland verfügt über ein Straßennetz mit einer Gesamtlänge von 231.000 km.[3] Die Transportleistung der Lastkraftwagen (Lkw) liegt in Deutschland bei rund 450 Milliarden Tonnenkilometern jährlich und wird voraussichtlich bis 2025 die 700-Grenze überschritten haben.[4] Mit einem Anteil von 76% aller transportierten gewerblichen Güter ist der Lkw das wichtigste Transportmittel in der Logistik.[5] Bei einem Stromausfall kommt es in erster Linie in städtischen Gebieten zu starken Behinderungen, da Ampelanlagen, Straßenbeleuchtungen und Verkehrsleitsysteme sofort ausfallen. Aufgrund dessen ist eine deutliche Zunahme an Verkehrsunfällen insbesondere an Kreuzungen zu beobachten und es bilden sich Staus. Das Alarmieren von Rettungskräften ist erschwert, da es zum Ausfall von Telekommunikationsnetzen

---

[1] Vgl. **Bundesministerium für Wirtschaft und Energie** (2012) Tabellenblatt Nr. 21.
[2] Vgl. **Bundesministerium für Wirtschaft und Energie** (2012) Tabellenblatt Nr. 5.
[3] Vgl. **Ausschuss für Bildung, Forschung und Technikfolgeabschätzung** (2011) S. 45.
[4] Vgl. **Grimm, Claus** (2012) S. 27.
[5] Vgl. **Statistisches Bundesamt** (2011).

kommt (siehe Kapitel 3.2). Der Fernverkehr auf der Autobahn ist vom Stromausfall zunächst kaum betroffen. Eine Problematik stellen Autobahntunnel dar. Zum Teil werden diese gesperrt, da Beleuchtung sowie Belüftung ausfallen.[1] Aufgrund dieser chaotischen Zustände in den ersten Stunden, erreichen auf der Straße transportierte Waren nur mit Zeitverzögerung ihr Ziel.

Nach und nach werden immer mehr Fahrzeuge liegen bleiben, da kein Kraftstoff mehr an den Tankstellen in den betroffenen Gebieten gedankt werden kann. Die an den Rändern der vom Stromausfall betroffenen Region liegenden Tankstellen werden verstärkt frequentiert. Die Kraftstoffvorräte der Tankstellen liegen unterirdisch vor und werden i.d.R. mit elektronischen Pumpen zu den Zapfsäulen hochgepumpt. Nur 39 Tankstellen sind in Deutschland mit Notstromaggregaten ausgestattet und können ihren Betrieb im Falle eines Stromausfalls weiterführen (siehe für weitere Informationen Anhang Punkt f).[2] Dies ist aber auch nur so lange möglich wie die Tankstellen Diesel vorrätig haben bzw. damit beliefert werden, um die Notstromaggregate damit zu betreiben. Von einer flächendeckenden Kraftstoffversorgung im Falle eines Stromausfalls ist man daher noch weit entfernt.

Der Güterverkehr ist anfangs nicht direkt vom Stromausfall betroffen. Lkw für den Transitverkehr verfügen über große Tankvolumina, sodass ein Durchfahren des betroffenen Gebietes und das Betanken außerhalb in vielen Fällen möglich sein wird. Voraussichtlich werden ab der zweiten Stunde nach dem Eintreten des Elektrizitätsausfalls vermehrt Lkw zu ihren Ausgangsorten zurückkehren müssen, da es ihnen nicht möglich ist die Waren zu übergeben. Dieser Fall tritt auf, wenn am Zielort die für die Anlieferung benötigten stromabhängigen Infrastrukturen (wie z.B. Rolltore, Laderampen etc.) sowie weitere interne Einrichtungen (z.B. Kühlräume, Warenfördergeräte), die über keine Notstromversorgung verfügen und somit ausfallen.[3] Mit dieser Problematik sah sich auch New Penn, ein in New York City ansässiges Logistikunternehmen, während des nordamerikanischen Blackouts 2003, konfrontiert. Aufgrund ausgefallener Entladungsanlagen bei den Kunden, konnten Güter nicht angeliefert werden.[4]

Ab etwa zwei bis acht Stunden nach Eintreten des Stromausfalls wird angenommen, dass Lieferengpässe zu beobachten sind, die sich auf die Produktion auswirken. Es fehlt teilweise an Gütern für die Weiterverarbeitung, sodass Produktionsstillstände auftreten können. Außerdem ist damit zu rechnen, dass zahlreiche Personen es nicht rechtzeitig zur Arbeit schaffen. Auch dadurch kann der Produktionszeitplan sich möglicherweise verzögern.

Ab einem Zeitraum zwischen acht und 24 Stunden ist ein starker Rückgang des Güterverkehrs in den Städten zu verzeichnen. Weiterhin unbeeinflusst vom Elektrizitätsausfall bleibt der Transitverkehr mit seinen ausreichend großen Tanks. Nach ca. 24 Stunden wird damit begonnen Transits mit existenziellen Gütern zu beladen und in die betroffenen Gebiete zu entsenden.[5]

---

[1] Vgl. **Ausschuss für Bildung, Forschung und Technikfolgeabschätzung** (2011) S. 51.
[2] Vgl. **Ausschuss für Bildung, Forschung und Technikfolgeabschätzung** (2011) S. 117.
[3] Vgl. **Ausschuss für Bildung, Forschung und Technikfolgeabschätzung** (2011) S. 52.
[4] Vgl. **Trunick, A. Perry** (2003) S. 7.
[5] Vgl. **Ausschuss für Bildung, Forschung und Technikfolgeabschätzung** (2011) S. 53.

Hierfür kann die Bundesregierung mit Hilfe des Verkehrsleitungsgesetzes (VerkLG) die zivile Notfallversorge anordnen. Hier haben Verkehrs- und Verkehrsinfrastrukturunternehmen sowie Reeder ihre Verkehrsmittel und –anlagen dem Staat im Krisenfall zu überlassen.

3.4.2 Schiene

Das Schienennetz der Deutschen Bahn hat eine Länge von 38.000 km und entspricht damit nur ca. einem Sechstel des gesamten Straßennetzes Deutschlands. Auf dem Schienennetz verkehren täglich etwa 5400 Güterzüge von der Deutschen Bahn (DB) Schenker Rail (einem Logistikunternehmen der DB). 300 weitere Bahnen (teilweise private), darunter auch Logistikunternehmen, die nicht zur DB gehören, nutzen deren Schienennetz. Im Güterverkehrt setzt DB Schenker Rail um die 1.140 Dieselokomotiven in Deutschland ein. Weitere 4.500 Dieselloks bzw. Triebwagen sind im Personenverkehr von der DB und dem Unternehmen InterConnex verfügbar. Diese könnten im Falle eines Elektrizitätsausfalls auch für den Güterverkehr eingesetzt werden. Alle anderen Lokomotiven sowie Weichen, Sicherungssysteme und Signalanlagen sind abhängig von einer funktionierenden Stromversorgung. Diese bezieht die DB größtenteils von Dritte.[1]

Im Falle eines Stromausfalls kommt der Güterverkehr auf dem Schienennetz sofort zum Erliegen. Züge bleiben auf offener Strecke, in Tunneln oder auf Brücken stehen. Solche, die mit dieselbetriebenen Loks bzw. Triebwagen gezogen werden, fahren bis zur nächsten Haltestelle oder werden von liegengebliebenen elektrifizierten Zügen blockiert. Außerdem werden teilweise Tunnel aufgrund von ausgefallener Lüftungen und Signale gesperrt.[2]

In den Rangierbahnhöfen benötigen Weichen und Stellwerke Strom. Sofern systembedingt möglich, werden diese manuell betätigt. Mit Dieselloks können Arbeiten in Rangierbahnhöfen noch durchgeführt werden. Diese werden jedoch behindert durch eine eingeschränkte Kommunikation (siehe Kapitel 3.2) und ausgefallener Beleuchtung. In vergleichbarer Form wie die Rangierbahnhöfe sind Containerterminals, in denen Container von der Schiene auf die Straße verladen werden, von einem Elektrizitätsausfall betroffen. Hier fallen Kräne und das Ticketing aus, sodass Container überwiegend nicht mehr umgeschlagen werden können.[3]

Stellwerke, über die Weichenstellungen durchgeführt werden, Betriebszentralen, die den Bahnverkehr steuern und Außenanlagen wie z.B. Gleisfreimeldeanlagen und Signale sind in den ersten Minuten bis hin zu einigen Stunden aufgrund von USV und Netzersatzanlagen noch funktionsfähig. Auch die Kommunikation des Zugpersonals mit der Leitstelle ist zunächst noch über das eigene Mobilnetz der Bahn möglich.[4]

Zwischen der zweiten und acht Stunden nach dem Stromausfall können je nach Jahreszeit verderbliche Lebensmittel in Mitleidenschaft gezogen werden. Ferner geht von

---

[1] Vgl. **Ausschuss für Bildung, Forschung und Technikfolgeabschätzung** (2011) S. 45.
[2] Vgl. **Ausschuss für Bildung, Forschung und Technikfolgeabschätzung** (2011) S. 54.
[3] Vgl. **Ausschuss für Bildung, Forschung und Technikfolgeabschätzung** (2011) S. 54.
[4] Vgl. **Ausschuss für Bildung, Forschung und Technikfolgeabschätzung** (2011) S. 54.

liegengebliebenen Gefahrentransporten ein besonders hohes Risiko aus. Im Winter wird auch das Schienennetz in diesem Zeitraum betroffen sein. Netzteile frieren aufgrund fehlender ausgefallener Beheizung ein. Die DB beginnt elektrifizierte Züge mit Dieselloks von den Strecken zu bergen. Außerdem ist die Kommunikation zwischen dem Zugpersonal und der Leitstelle aufgrund des zusammengebrochenen öffentlichen Mobilfunknetzes (siehe Kapitel 3.2) und des Mobilfunknetzes der Bahn nicht mehr möglich.[1]

Nach acht bis 24 Stunden werden nahezu alle elektrischen Weichen ausgefallen sein. Einige Weichen an wichtigen Strecken werden per Hand betätigt. Die Koordination wird dabei aufgrund ausgefallener Kommunikationsmittel massiv erschwert. Einige wenige Stellwerke könne weiterhin manuell betätigt werden. Stellwerke, Betriebszentrale und Außenanlagen der Rangierbahnhöfe fallen komplett aus, sodass die Arbeit auf diesen zum Erliegen kommt. Nach ca. 24 Stunden wird wie im Teilsektor Straße versucht die Bevölkerung im betroffenen Gebiet mit lebensnotwendigen Waren zu versorgen. Über dies wird ein eingeschränkter Güterverkehr mit Dieselloks auf festen Routen angestrebt. Weichen werden dazu entsprechend verschraubt.[2]

3.4.2 Luft

Hinsichtlich des Flugverkehrs ist zu sagen, dass hier eine gute Krisenprävention mit Notstromversorgung zu erkennen ist. Aufgrund dessen hat ein Stromausfall zunächst nur geringe Auswirkungen auf den Flugbetrieb.[3] Für die Netzersatzanlagen können auf die im Gelände gelagerten Treibstoffvorräte zurückgegriffen werden.[4] Eine Problematik stellen auch hier die IT-Systeme dar, welche sofort oder nach kurzer Zeit ausfallen. Administrative Arbeiten werden dadurch massiv eingeschränkt. Mit Hilfe von Anlagen zur USV können die Systeme geregelt heruntergefahren werden, sodass Datenverluste und Systemabstürze zumindest verhindert werden. Vor allem in Frachtflughäfen verzögert sich die Logistik aufgrund der ausgefallenen IT-Systeme.[5]

Nach den Vorgaben der International Civil Aviation Organization (ICAO) müssen nichtmilitärische Flughäfen in Deutschland über eine Notstromversorgung verfügen, mit welcher ein Grundbetrieb sicherstellt werden kann. Flughäfen sind aufgrund ihrer Netzersatzanlagen und Treibstofflager fähig zumindest den Grundbetrieb für einige Wochen aufrechtzuerhalten.[6]

In den ersten zwei Stunden des Elektrizitätsausfalls werden an den Flughäfen die Kontrolltürme der Deutschen Flugsicherung (DFS) von den Netzersatzanlagen versorgt, sodass deren Betrieb vorerst nur durch den Ausfall von externen IT- und TK-Systemen beeinflusst wird.[7]

---

[1] Vgl. **Ausschuss für Bildung, Forschung und Technikfolgeabschätzung** (2011) S. 54.
[2] Vgl. **Ausschuss für Bildung, Forschung und Technikfolgeabschätzung** (2011) S. 55.
[3] Vgl. **Ausschuss für Bildung, Forschung und Technikfolgeabschätzung** (2011) S. 57.
[4] Vgl. **Ausschuss für Bildung, Forschung und Technikfolgeabschätzung** (2011) S. 57.
[5] Vgl. **Ausschuss für Bildung, Forschung und Technikfolgeabschätzung** (2011) S. 56.
[6] Vgl. **Ausschuss für Bildung, Forschung und Technikfolgeabschätzung** (2011) S. 47.
[7] Vgl. **Ausschuss für Bildung, Forschung und Technikfolgeabschätzung** (2011) S. 56.

Zwischen der zweiten und achten Stunde des Stromausfalls geht der Flugbetrieb langsam zurück. Der Flugbetrieb ist zwar weiterhin grundsätzlich sichergestellt, jedoch müssen immer mehr Flüge gestrichen werden. Erste Umsatzeinbußen lassen sich bei den Logistikunternehmen verzeichnen.[1] Des Weiteren beginnen die Fluggesellschaften zunehmend Flüge auf Flughäfen umzuleiten, die außerhalb des betroffenen Gebietes liegen. Fraglich ist jedoch wie und ob die Güter überhaupt anschließend ihre Zielorte erreichen, da auch der Straßen- und Schienenverkehr massiv eingeschränkt ist (siehe Kapitel 3.4.1 und 3.4.2). Außerdem entscheidet die Flugsicherung auf Basis von eingeholten Informationen (über die voraussichtliche Dauer, Umfang sowie Ursache des Stromausfalls) darüber wie stark die Flugbewegungen in der betroffenen Region einzuschränken sind. Überflüge im deutschen Luftraum sind weiterhin möglich.[2] Nichtsdestotrotz kommt es zu hohen wirtschaftlichen Schäden für Fluggesellschaften im Frachtverkehr. Diese können die Waren nicht rechtzeitig ausliefern. Auch die Flughäfen erleiden große monetäre Verluste durch wegfallende Start- und Landegebühren. Ferner sind daher auch Produktionsbetriebe von dem eingeschränkten Luftverkehr betroffen. Die Produktion verzögert sich und u.U. sind Produktionsstillstände zu verzeichnen.

Nach acht bis 24 Stunden ist damit zu rechnen, dass immer weniger Angestellte zur Arbeit erscheinen (Schutz des eigenen Haushalts, An- und Abfahrt zur Arbeit ist erschwert, geschlossene Schulen etc.). Einige für den Betrieb des Flugverkehrs unverzichtbare Mitarbeite müssen trotzdem am Flughafen bleiben. Hierfür sind i.d.R. entsprechende Infrastrukturen vorhanden (z.B. Feldbetten).[3]

3.4.4 Wasser

An erster Stelle ist zu sagen, dass der Verkehrsträger Wasser primär Funktionen im Bereich der Versorgung erfüllt. Geringer fällt hingegen die Bedeutung für die Bereiche Freizeit und Geschäftsverkehr (z.B. Kreuzfahrtschiffe und Fähren) aus.[4]

Das Netz der Bundeswasserstraßen umfasst ca. 23.000km ^{2} Seeschifffahrtsstraßen und 7.350 km Binnenwasserstraßen. An den Bundeswasserstraßen befinden sich zahlreiche Anlagen wie z.B. ca. 450 Schleusenkammern, 290 Wehren, 15 Kanalbrücken, 4 Schiffshebewerke sowie 2 Talsperren.

„Die deutschen Bundeswasserstraßen bilden einen wichtigen Bestandteil des „nassen" Transeuropäischen Netzes (TEN)."[5] Im Jahr werden um die 1,5 Millionen Standardcontainer (TEU) befördert. Gütermengen von rund 240 Mio. t werden jährlich

---

[1] Vgl. **Ausschuss für Bildung, Forschung und Technikfolgeabschätzung** (2011) S. 56.
[2] Vgl. **Ausschuss für Bildung, Forschung und Technikfolgeabschätzung** (2011) S. 56.
[3] Vgl. **Ausschuss für Bildung, Forschung und Technikfolgeabschätzung** (2011) S. 57.
[4] Vgl. **Ausschuss für Bildung, Forschung und Technikfolgeabschätzung** (2011) S. 49.
[5] **Ausschuss für Bildung, Forschung und Technikfolgeabschätzung** (2011) S. 49.

transportiert. Die Transportleistung liegt bei 65 Mrd. Tonnenkilometern. Dies entspricht ca. 75% der Güterverkehrsleistung des Schienennetzwerkes.[1]

See- und Binnenhäfen sind abhängig von einer externen Stromversorgung. Sie sind daher unmittelbar beim Eintreten eines Elektrizitätsausfalls betroffen. Das Be- und Entladen von Schiffen ist aufgrund strombetriebener Portalkräne an den Terminals nicht mehr möglich. Auch Pumpen für flüssige Güter (z.B. Ölpumpen) und Förderbänder für Schüttgüter (z.B. Kohle) funktionieren nicht mehr. Überdies kommt der Güterumschlag vollständig zum Erliegen.[2] Die Folgen sind bei den Seehäfen aufgrund von größeren Anlagen und einer i.d.R. höheren Menge umgeschlagener Güter weitaus gravierender als bei den Binnenhäfen.[3]

Mit dieselbetriebenen Hafenbahnen ist es zwar noch möglich Güter auf dem Hafengelände umzulagern, der Weitertransport auf dem Schienennetz der DB ist jedoch stark eingeschränkt. Der Grund hierfür ist, dass das Schienennetz ebenfalls massiv vom Stromausfall betroffen ist (siehe Kapitel 3.4.2). Lkw können die Häfen zwar weiterhin anfahren, aber aufgrund der chaotischen Zustände auf den Straßen (siehe Kapitel 3.4.1) kommt es auch hier zu Verzögerungen. Die Waren können durch den Einsatz von Netzersatz- und USV-Anlagen noch für eine gewisse Zeit verladen werden. Ausgefallene Kräne machen jedoch einen Regelbetrieb unmöglich. Dies führt dazu, dass die Abfertigung stockt und sich sehr lange Lkw-Staus bilden. Die Häfen nehmen daher Kontakt mit den Logistikunternehmen auf und stoppen den Transport weiterer Güter in den Hafen. Die Kommunikation ist jedoch aufgrund zunehmender IT- und TK-Systemausfälle erschwert.[4]

Die interne Kommunikation im Schifffahrtsbereich ist zunächst noch über Funk möglich. Auch die Radarsysteme, die zur Leitung bzw. Steuerung der Schiffe dienen, fallen teilweise aus, sodass in einigen Fällen eine Navigation auf Sicht erfolgt. In der Nord- oder Ostsee gehen vermehrt Schiffe auf Reede, um Staus bei der Abfertigung zu vermeiden. Dort warten sie das Ende des Elektrizitätsausfalls ab. Die Schiffe selbst verfügen über eigene Generatoren, sodass sogar verderbliche Waren unversehrt bleiben (z.B. kühlen spezielle Kühlcontainer noch bis zu 36 Stunden).[5]

Das Ein- und Ausfahren in die Häfen ist zwar weiterhin möglich, der Schiffsverkehr wird sich jedoch insgesamt in und vor den Häfen stark verlangsamen. Schiffe können nicht wie geplant die Häfen wieder verlassen, da die Be- und Entladungsanlagen ausfallen. Die Behinderungen bei den Ein- und Ausfahrten sind in den Binnenhäfen wesentlich ausgeprägter als in den Seehäfen, da hier die Schiffe nicht vor Anker gehen können, um das Ende des Elektrizitätsausfalls abzuwarten. Hier werden die Schiffsführer aufgefordert ihre Geschwindigkeit zu reduzieren.[6]

---

[1] Vgl. **Ausschuss für Bildung, Forschung und Technikfolgeabschätzung** (2011) S. 49.
[2] Vgl. **Ausschuss für Bildung, Forschung und Technikfolgeabschätzung** (2011) S. 57.
[3] Vgl. **Ausschuss für Bildung, Forschung und Technikfolgeabschätzung** (2011) S. 58.
[4] Vgl. **Ausschuss für Bildung, Forschung und Technikfolgeabschätzung** (2011) S. 57 f.
[5] Vgl. **Ausschuss für Bildung, Forschung und Technikfolgeabschätzung** (2011) S. 58.
[6] Vgl. **Ausschuss für Bildung, Forschung und Technikfolgeabschätzung** (2011) S. 58.

Zwischen der zweiten und achten Stunde nach Eintreten des Stromausfalls, nehmen die Stauungen an den Be- und Entladestationen für den Weitertransport auf der Straße und auf der Schiene zu. Aufgrund dessen werden Binnenschiffe aufgefordert Häfen anzulaufen, die außerhalb der vom Elektrizitätsausfall betroffenen Region liegen. Der Ausfall der Seehäfen wird jedoch deutschlandweite oder sogar europaweite Auswirkungen haben. Die Stillstände in den Binnenhäfen werden hingegen nur in abgegrenzten kleineren Regionen zu spüren sein.[1]

Nach ca. acht bis 24 Stunden werden nahezu keine Güterzüge mehr die Häfen erreichen und auch immer weniger Lkw fahren diese an, da sie überwiegend von den Spediteuren zurückgerufen werden bzw. den Auftrag erhalten Häfen anzufahren, die vom Stromausfall nicht betroffen sind. Der Güterumschlag ruht daher weiterhin.[2] Ferner rückt die Sicherung des Hafengeländes vor Diebstahl in den Vordergrund, da stromabhängige Sicherungsgeräte (Überwachungskameras, elektrische Zäune etc.) ausfallen.

Eine weitere Problematik in diesem Zeitraum sind die ausfallenden IT- und TK-Systeme (siehe Kapitel 3.2). Einigen Terminals wird es dadurch nicht mehr möglich sein Verschiffungsdokumente, die für die Auslieferung notwendig sind (z.B. Bills of Lading), auszustellen. Diese müssen teilweise handschriftlich angefertigt werden und eventuell über Landwege an andere Häfen außerhalb des vom Stromausfall betroffenen Gebietes, versandt werden.[3]

In den Häfen ist mit zahlreichen Schäden zu rechnen. Diese treten insbesondere an Kanälen und Kaimauern auf, wenn Schiffe sich stauen oder nicht ordnungsgemäß manövrieren. Vermutlich werden Wasserverschmutzungen verzeichnet, da Schiffe, die längere Zeit auf Reede gehen ihre Abwässer im Meer entsorgen werden. Überdies könnten u.U. bei nicht mehr sachgemäßer Lagerung von Gefahrengütern, Schadstoffe austreten. Umweltverschmutzungen und eine Gefährdung der Gesundheit sind daher nicht auszuschließen.[4]

3.4.5 Reduzierung des Kraftstoffverbrauchs

Wie bereits erwähnt sieht die Energiewende vor den Endenergieverbrauch im Verkehrsbereich um 10% bis zum Jahr 2020 und um 40% bis zum Jahr 2050 (gegenüber dem Niveau von 2005) zu senken.[5] Der Endenergieverbauch im Bereich Verkehr beträgt fast ein Drittel am gesamten Endenergieverbrauch[6] und ist damit als sehr hoch einzustufen. Dies lässt sich auf den hohen Einsatz von Kraftstoffen im Verkehrssektor zurückführen. Diese machten 2010 ca. 93% der gesamten Energieträger, die im Sektor Verkehr genutzt werden, aus. Diesel hat hierbei den größten Anteil von ca. 51% (etwa 1189 PJ) am Kraftstoffverbrauch. Dies ist darauf zurückzuführen, dass Diesel nicht nur im Straßenverkehr, sondern auch für den Betrieb von

---

[1] Vgl. **Ausschuss für Bildung, Forschung und Technikfolgeabschätzung** (2011) S. 58.
[2] Vgl. **Ausschuss für Bildung, Forschung und Technikfolgeabschätzung** (2011) S. 58.
[3] Vgl. **Trunick, A. Perry** (2003) S. 8.
[4] Vgl. **Ausschuss für Bildung, Forschung und Technikfolgeabschätzung** (2011) S. 58.
[5] Vgl. **Bundesministerium für Umwelt, Naturschutz und Reaktorsicherheit** (2011) S. 5.
[6] Vgl. **Bundesministerium für Wirtschaft und Energie** (2012) Tabellenblatt Nr. 5.

Schiffen sowie einigen Lokomotiven eingesetzt wird. Mit einem Anteil von rund 34% folgt das Motorenbenzin. Der restliche Anteil von ca. 16% entfällt auf Flugturbinenkraftstoff.[1]

Der Endenergieverbrauch im Verkehrssektor betrug 2005 ca. 2589 PJ. Diese Menge konnte bis zum Jahr 2010 nur um 2,6% reduziert werden.[2] Um eine Reduzierung um 10% bis zum Jahr 2020 zu realisieren, sind massive Maßnahmen im Verkehrssektor insbesondere durch Logistikunternehmen zu treffen (siehe Kapitel 4.3). Die positiven Nebeneffekte eines niedrigeren Kraftstoffverbrauchs sind zum einen sinkende Kosten für Unternehmen, da weniger Energie bezogen werden muss. Zum anderen kann dadurch auch eine Reduzierung der CO_2-Emissionen erlangt werden, was ein Teilziel der Energiewende darstellt (siehe für ausführliche Informationen Kapitel 2.1.1). Auch hier hat die Logistik entsprechende Maßnahmen einzuleiten, um Sanktionen, die vermutlich in den nächsten Jahren gegen „Umweltsünder" verhängt werden, zu vermeiden. Hierfür sind vor allem hohe Investitionen zu tätigen, die eine Belastung für Logistikunternehmen darstellen können.

3.4.6 Logistikprozesse

Zahlreiche logistische Prozesse sind auf eine funktionierende Stromversorgung angewiesen. Einige dieser Prozesse wurden bereits in den vorherigen Unterkapiteln vorgestellt. Elektrizitätsausfälle können zum Stillstand vor allem interner Prozesse in Logistikunternehmen führen und somit massive monetäre Verluste verursachen.

Von einem Stromausfall sind in erster Linie die internen Transportsysteme und weniger die Transportmittel, die mit Kraftstoffen betrieben werden, betroffen. Hier fallen ohne Notstromversorgung z.B. Förderbänder, Laderampen, elektronische Rolltore, Regalbediengeräte, Gabelstapler, Rollbahnen und Elektroameisen aus. Aufgrund dessen kommen Materialflüsse und in vielen Fällen sogar die gesamten logistischen Prozesse eines Unternehmens zum Erliegen.

Ein weiterer Bereich betrifft den Ausfall von IT- und TK-Systemen. Hierdurch werden insbesondere die Informationsflüsse behindert. Diese stellen u.a. eine Serviceleistung für die Kunden dar. Ihnen wird dadurch die Verfolgung der Sendung und das Nachsehen der Auftragsinformationen über das Internet ermöglicht.

Ferner sind die JIT-, JIS- und Kanban-Produktionen eng mit logistischen Prozessen verbunden. Diese basieren häufig auf einem durchdachten Supply-Chain-Management, bei dem alle Partner über IT- und TK-Systeme verbunden sind. Bei einem Ausfall der IT- und TK-Systeme sowie logistischen Prozesse ist es nahezu unmöglich Lieferungen für Kunden bedarfsgerecht durchzuführen.

Ein weiterer Punkt bezieht sich auf stromabhängige Kommissionierverfahren. Bei einem Elektrizitätsausfall funktionieren z.B. pick-by-voice- und pick-by-light-Verfahren nicht mehr genutzt werden. Das Zusammenstellen von Waren wird besonders bei Unternehmen mit großen

---

[1] Vgl. **Bundesministerium für Wirtschaft und Energie** (2012) Tabellenblatt Nr. 6a.
[2] Vgl. **Bundesministerium für Wirtschaft und Energie** (2012) Tabellenblatt Nr. 5.

Lagern massiv erschwert. Der Weitertransport verzögert sich, dadurch können hohe Umsatzeinbußen entstehen. Ferner sind auch Anlagen für die Transportsicherung von einem Stromausfall betroffen. Waren können daher teilweise nicht mehr ausreichend gesichert werden. Die Folgen sind beschädigte Waren oder eine verspätete Lieferungen, da Güter manuell gesichert werden müssen.

3.5 Zusammenfassung nachteilige Folgen der Energiewende auf Produktion und Logistik

Unter Berücksichtigung aller genannten Aspekte bezüglich der nachteiligen Folgen der Energiewende auf Produktion und Logistik lassen sich nachfolgende Aussagen zusammenfassend treffen. Aufgrund eines ungeeigneten Netzes für eine dezentrale Stromerzeugung sowie generelle Energieengpässen durch das Atommoratorium ist mit einer Beeinträchtigung der Stromversorgung zu rechnen. Dies kann zu erheblichen finanziellen Schäden sowohl in der Produktion als auch in der Logistik führen. Hier ist bisher unklar wer für die Verluste der Unternehmen aufzukommen hat.

Eine existenzielle Bedeutung für die eine funktionierende Produktion und Logistik haben TK- und IT-Systeme. Die gängigsten Systeme fallen meistens unmittelbar oder nach einigen Stunden aus. Der Bevölkerung ist es damit innerhalb kürzester Zeit nicht mehr möglich aktiv und dialogisch über weite Entfernungen hinweg zu kommunizieren. Überdies wird die Abwicklung von Geschäften erschwert. Demnach ist die Krisenprävention für einen Stromausfall von bis zu 24 Stunden in den Bereichen IT und TK nicht ausreichend.

Auswirkungen eines Ausfalls von IT und TK sind im Bereich der Produktion wesentlich umfangreicher als in der Logistik. Die Gründe hierfür liegen in der starken Abhängigkeit zahlreicher Produktionsprozesse von IT-Systemen und der Nutzung zeitlich relativ schnell ausfallender TK-Systeme. Überdies erfolgt eine Verstärkung der nachteiligen Folgen eines Stromausfalls in der Produktion, da allgemein eine Abhängigkeit von der Logistik besteht.

Es wird befürchtet, dass die Energiewende den Anstieg des Strompreises verstärken wird. Dies hat vor allem finanzielle Konsequenzen für die energieintensiven Industrien. Dies kann zu einer Beeinträchtigung der Wettbewerbsfähigkeit des Industriesektors im internationalen Vergleich führen.

Ein Ausfall der Elektrizität hat auch weitreichende Folgen auf die Produktionsprozesse von Unternehmen. Hohe finanzielle Verluste entstehen aufgrund von Produktionsstillständen, beschädigten Maschinen, zeitintensiven Wiederinbetriebnahmen und ausfallenden Materialflüssen. Ähnlich Auswirkungen lassen sich bei stromabhängigen Logistikprozessen erkennen. Die deutsche Industrie und die Logistik kommen bei einem Stromausfall nahezu zum Erliegen. Fatale wirtschaftliche Folgen sind daher nicht auszuschließen.

Der zu senkende Endenergieverbrauch sowie die Reduzierung der CO_2-Emissionen erfordern erhebliche Investitionen der Produktions- und Logistikunternehmen. Nicht jedes Unternehmen ist fähig die notwendigen Finanzmittel aufzubringen.

Die Betrachtung verschiedener Transportwege hat gezeigt, dass ein Stromausfall weitreichende Auswirkungen insbesondere auf den Teilsektor Straße hat. Der Hauptgrund hierfür ist der sofortige Ausfall von Verkehrsleitsystemen, dem Ausfall von IT und TK für die Kommunikation und die schlechte Krisenprävention der Tankstellen. Das Aus- und Anliefern von Waren wird aufgrund der chaotischen Zustände auf den Straßen und den Ausfall der stromabhängigen Infrastrukturen in den Ausgangs- und Zielorten stark behindert.

Der Güterverkehr auf der Schiene kommt nach wenigen Stunden nahezu zum Erliegen. Auch wenn auf Rangierbahnhöfen und Containerterminals teilweise eingeschränkt noch gearbeitet werden kann, werden Güter mit zeitlichen Verspätungen von Lkw abgeholt.

Im Teilsektor Luft kann zwar ein Grundbetrieb des Luftverkehrs für mehrere Wochen aufrechterhalten werden, jedoch ermöglicht dieser keinen geregelten Flugverkehr während eines Elektrizitätsausfalls. Insgesamt ist mit hohen Umsatzeinbußen bei Logistikunternehmen, die in diesem Bereich agieren, zu rechnen.

In den Häfen fallen die für den Umschlag von Containern und Gütern notwendigen Infrastrukturen entweder unmittelbar aus (z.B. Förderbänder und Kräne) oder nach einigen Stunden (z.B. zum Teil IT/TK). Ein Stromausfall bewirkt folglich einen Stillstand der Häfen.

Von allen vier untersuchten Transportträgern weist der Luftverkehr die beste Krisenprävention vor und kann somit am längsten im Falle eines Stromausfalls aufrechterhalten werden. Der anderen Teilsektoren sind nur unzureichend auf einen plötzlich eintretenden Stromausfall vorbereitet. Daraus resultieren immense wirtschaftliche Schäden in den Bereichen Logistik und Produktion in ganz Deutschland und sogar in Teilen von Europa.

4 Lösungsansätze gegen nachteilige Folgen der Energiewende

Wie die Untersuchungen im Kapitel 3 ergeben haben, hat die Energiewende weitreichende Folgen, insbesondere in Form von drohenden Stromausfällen und den Anstieg der Strompreise, auf Produktion und Logistik. In den folgenden Unterpunkten werden bereits häufig angewandte und zukunftsträchtige Lösungsansätze für diese nachteiligen Folgen analysiert und bewertet. Zunächst wird auf generelle Lösungsansätze eingegangen, welche sowohl in der Produktion als auch in der Logistik eingesetzt werden können. Im zweiten Schritt werden Lösungsvorschläge erläutert, die vorangig in der Produktion zum Einsatz kommen. Danach werden die Lösungsansätze für den Bereich Logistik vorgestellt.

Es ist anzumerken, dass im Rahmen einer Reduzierung der Produktivität, um Energie einzusparen, als unrealistisch einzustufen, da der Homo Oeconomicus, das handelnde Wirtschaftssubjekt, nach Nutzenmaximierung und somit auch nach der Maximierung des Gewinns strebt. Im Vordergrund stehen nachfolgend daher Lösungsansätze, die zur Steigerung der Energieeffizienz in den Bereichen Produktion und Logistik führen. Mit Hilfe energieeffizienter Maßnahmen lässt sich Energie einsparen und somit auch zur Reduzierung des Endenergieverbrauchs beitragen. Diese Einsparung kann zur Kompensierung der ansteigenden

Energiepreise im großen Umfang beitragen. Überdies hat eine erhöhte Energieeffizienz oftmals den Nebeneffekt einer Reduzierung der CO_2-Emissionen. Maßnahmen
Aufgrund der zahlreichen Lösungsansätze, die sich mittlerweile finden lassen und dessen Anzahl durch ein fortschreitendes Innovationsstreben weiterhin ansteigt, wird sich im Folgenden auf einige wichtige Maßnahmen gegen nachteilige Folgen der Energiewende beschränkt.

4.1 Generelle Lösungsansätze

Zu den generellen Lösungsansätzen ist zu sagen, dass diese sowohl in der Produktion als auch in der Logistik eingesetzt werden können. Zunächst wird im ersten Unterkapitel auf den Einsatz von Beleuchtungssystemen eingegangen. Danach erfolgt die Erklärung der Funktionsweise einer Energie-Management-Software. Beim Einsatz dieser Präventionen gegen die nachteiligen Folgen der Energiewende steht die Steigerung der Energieeffizienz von Betrieben im Vordergrund. Die Internationale Energieagentur gibt an, dass 50% des gesamten Endenergieverbrauchs durch Energieeffizienz-Technologien eingespart werden können. Dies entspricht einer Einsparung von ca. 1200 GW Energie am Tag. Dieser Wert ist etwa drei-mal so hoch wie die Leistung, die täglich von allen Kernkraftwerken weltweit bereitgestellt wird.[1]

4.1.1 Beleuchtungssysteme

Beleuchtungssysteme sind zwar in der Industrie im Durchschnitt nur für einen geringen Anteil von 2% am Stromverbrauch beteiligt, jedoch lässt sich vor allem in Unternehmen mit einem hohen Verbrauch an Strom durch Beleuchtungssysteme (z.B. durch großen Lager- oder Produktionshallen mit hohem Beleuchtungsbedarf) ein großes Einsparpotenzial erkennen. Hier lassen sich Kosten durch den Einsatz moderner Leuchtkörper (z.B. Lichtimmentierende Dioden [LED]) und einer effizienten Beleuchtungssteuerung einsparen. Der Energieaufwand für Beleuchtung lässt sich laut dem Intergovernmental Panel on Climate Change (IPCC) um 75 bis 90% reduzieren. Nach maximal drei Jahren hat sich die Substitution der veralteten Leuchtkörper durch hocheffiziente Lampen i.d.R. amortisiert.[2] Diese Maßnahmen sind daher als kostengünstig einzustufen und überdies sind diese mit einem relativ geringem Auffand durchführbar.

Eine weitere Möglichkeit bezüglich Beleuchtungssysteme ist die Nutzung von Tageslicht, indem es in das Gebäudeinnere reflektiert und verteilt wird. Dies kann mit Hilfe von Lichtborden, -schlitzen, vertikalen Ablenkplatten und Blenden erfolgen. Neben der Reduzierung des Energieverbrauchs, tritt ein positiver Nebeneffekt auf: Tageslicht ist für das menschliche Auge angenehmer als künstliches Licht, daher ist mit einer Verbesserung der Arbeitsplatzatmosphäre zu rechnen. Unter Umständen kann eine höhere Arbeitsproduktivität verzeichnet werden, da das Tageslicht eine positive Wirkung auf die Konzentration der Menschen ausübt. Auch lassen sich

---

[1] Vgl. **Blume, Udo** (2012) S. 44.
[2] Vgl. **Weizsäcker, Ernst U. v.** (2010) S. 117.

dadurch Fehler z.B. im Lagerbetrieb vermeiden und Gefahrensituationen können aufgrund geringerer Schattenbildung rechtzeitig erkannt werden.[12]

Das Unternehmen GT BiomeScilt, ein Hersteller von LED-Beleuchtungssystemen, tauscht derzeit in einem seiner eigenen Lager mit einer Gesamtfläche von 225.000 m^2 um die 22.000 veraltete Leuchtmittel gegen LED-Lampen aus. Das Unternehmen kalkuliert, dass es den eigenen Stromverbrauch um mehr als die Hälfte von 3,61 kWh auf 1,25 kWh zukünftig pro Jahr reduzieren kann. Die Energiekosten werden voraussichtlich um ca. 280.000 €, auf das Jahr gerechnet, geringer ausfallen.[3]

4.1.2 Energie-Management-Software

Die nachfolgenden Untersuchungen beschränken sich aufgrund der Komplexität dieses Themas nur auf die Produktion. Energie-Management-Software lässt sich jedoch auch in der Logistik einsetzen. Hier werden in erster Line Prozesse optimiert, um Abläufe energieeffizienter zu gestalten.[4] Insbesondere in großen Lagerhallen lohnt sich der Einsatz einer solchen Software.

Unternehmen wie Endress+Hauser haben sich auf die Herstellung von Geräten zur Messung von Energieströmen (Dampf, Wärme, Kälte, Druckluft, Öl, Erdgas etc.) in industriellen Prozessen spezialisiert. Eine Weiterverarbeitung und Visualisierung der Messwerte erfolgt mittels Datenloggern und Registriergeräten. Anschließend können mit einer Energie-Monitoring-Software die Werte dargestellt und analysiert werden. Die Software ermöglicht die Messung sowie Überwachung des Energieverbrauchs und der Energieeffizienz. Nur mit Hilfe der daraus resultierenden Kennzahlen ist eine Optimierung der Energieeffizienz möglich.[5]

Unter dem Einsatz der Software in ausgewählten Unternehmen zeigte sich, dass besonders bei Kompressoren Optimierungsbedarf besteht. Die Ergebnisse eine Studie besagen, dass in 80 von 100 Betrieben bis zu 50% der Energie, die zur Erzeugung von Druckluft notwendig ist, auf dem Weg zum Verbraucher verloren geht. Die dafür verantwortlichen Druckluftleckagen sind zu lokalisieren und zu beheben. Mit einer Energie-Management-Software ist es z.B. möglich den Druckverlust an Druckluftfiltern zu überwachen. Das System informiert per E-Mail das Wartungspersonal, sobald ein bestimmter Grenzwert überschritten wird. So kann exakt gesehen werden, ob der Filter ausgewechselt werden muss. Auf diese Weise lässt sich auch feststellen, ob ein ungeeigneter Filter (z.B. mit einer zu feinen Maschenweite) eingesetzt worden ist, welcher einen zu hohen Druckverlust verursacht. Durch gezielten Softwareeinsatz lassen sich bis zu 33% Energie im Rahmen der Drucklufterzeugung einsparen.[6]

---

[1] Vgl. **o.V., Lager in neuem Licht** (2011) S. 43.
[2] Vgl. **Weizsäcker, Ernst U. v.** (2010) S. 118 f.
[3] Vgl. **o.V., Lager in neuem Licht** (2011) S. 42.
[4] Vgl. **Otto, Claudia** (2010).
[5] Vgl. **o.V., Energieeffizienz rechnet sich! Endress+Hauser geht mit gutem Beispiel voran** (2012) S. 32.
[6] Vgl. **o.V., Energieeffizienz rechnet sich! Endress+Hauser geht mit gutem Beispiel voran** (2012) S. 32.

Überdies lässt sich eine Zunahme an geplanten Investitionen in Energie-Management-Lösungen erkennen. In einer Vergleichsstudie gaben im Frühjahr 2011 nur 22% aller befragten Unternehmen an diesbezügliche Investitionsabsichten für das Jahr 2012 zu haben. Im Frühjahr 2012 gaben bereits 38% der untersuchten Firmen an für 2013 Pläne für Investitionen in Energie-Management-Lösungen auf ihrer Agenda stehen zu haben.[1]

Der Einsatz eines „Total Energy Management System", eine Akkumulation verschiedener Energie-Management-Softwaresysteme, ermöglicht die Etablierung Energieautarker Fabriken. In diesen werden Verlustenergien aufgefangen, welche darauffolgend in einem Kreislauf-System direkt wieder genutzt werden können.[2]

4.2 Lösungsansätze für die Produktion

In den Printmedien lassen sich aufgrund der Aktualität der Energiewende eine nahezu unüberschaubare Anzahl an Lösungsvorschlägen für die Produktion finden. Um die Übersichtlichkeit zu verbessern, lassen sich die verschiedenen Lösungsansätze in unterschiedliche Kategorien einteilen. Die erste Kategorie umfasst die zahlreichen innovativen Technologien, um Stromausfälle und Spannungsschwankungen (mit starken Spannungsspitzen und –lücken) aufzufangen. Im Folgenden wird dieser Bereich durch das Kapitel 4.2.1 Unterbrechungsfreie Stromversorgung abgedeckt. Die zweite Kategorie stellen Energierückgewinnungssysteme dar. Hier ist es möglich mit verschiedenen Verfahren Energie aus unterschiedlichen Produktionsprozessen zu einem gewissen Teil zurückzugewinnen. Im Kapitel 4.2.3 werden zwei gängige Systeme vorgestellt: Das Wärme- und Bremsenergierückgewinnungssystem. Das Übergeordnete Ziel dieser Verfahren ist die Steigerung der Energieeffizienz und damit auch die Senkung der Energiekosten in Unternehmen. Diese Aspekte spielen auch eine bedeutende Rolle in der dritten Kategorie. Hier stehen allerdings die unternehmensinterne Energieerzeugung sowie die damit einhergehende sinkende Abhängigkeit vom öffentlichen Stromnetz im Vordergrund. Häufig angewandte Maßnahmen sind hier die Installation von Anlagen, die Strom aus EE erzeugen, sowie die Bezug von Energie aus unternehmenseigenen Kraft-Wärme-Kopplungsanlagen (KWK). Aufgrund der sehr spezifischen Eignung von KWK für die Produktion, erfolgt eine genauere Erläuterung dieses Systems im Unterkapitel 4.2.3.

In Anbetracht der großen Bandbreite an möglichen Lösungsvorschlägen für die Produktion und unter Berücksichtigung der Einhaltung eines angemessenen Umfangs dieser Arbeit, wurde sich im Folgenden auf einige gängige, sich für die Produktion besonders gut eignende Maßnahmen beschränkt.

---

[1] Vgl. **o.V., Energie-Management-Software dringt in Produktionshallen vor** (2012) S. 17.
[2] Vgl. **Schroeter, Stefan** (2010) S. 26.

4.2.1 Unterbrechungsfreie Stromversorgung

Stromausfälle und Spannungsschwankungen können zu enormen finanziellen Verlusten führen. Im IT-Bereich können beispielsweise wichtige Kundendaten verloren gehen. In der Produktion besteht überdies die Gefahr, dass Maschinen und Anlagen irreparabel zerstört werden. Im einfachsten Fall ist nur ein Wiederanfahren erforderlich. In einigen Bereichen ist dies mit einem hohen Aufwand verbunden, da die Maschinen erst wieder synchronisiert werden müssen und danach auf einen definierten Ausgangszustand zurückzusetzen sind.[1] Mit dem Einsatz einer Unterbrechungsfreie Stromversorgung (USV) können solche Folgen verhindert werden. Bezüglich der IT-Systeme ist vor allem eine lange Überbrückungszeit von Bedeutung, um laufende Prozesse zu beenden und wichtige Daten zu sichern. Im Gegensatz dazu muss bei den Produktionsprozessen insbesondere eine Absicherung gegen Schwankungen der Eingangsfrequenz und –spannung erfolgen. Die internen Netzleitungen in Industriebetrieben weisen eine höhere Anzahl an Störungen bezüglich der Spannungen auf. Dies liegt an den in großen Mengen stromverbrauchenden Maschinen, die bei gleichzeitiger energieintensiver Arbeit Lastspitzen erzeugen und in Ruhephasen Spannungseinbrüche verursachen können. Um andere angeschlossene Maschinen und Anlagen nicht mit Netzunreinheiten zu beeinträchtigen, wird ein USV-System eingesetzt. Solch ein System erzeugt unabhängig von den Eingangswerten gleichbleibende Ausgangsspannungen und –frequenzen für die internen Netzleitungen.[2]

Bei der Investition in USV ist nicht nur die Betrachtung des Kaufpreises von Bedeutung, sondern auch auf den Wirkungsgrad der Anlagen und die zukünftigen Betriebskosten sollten berücksichtigt werden.[3] Auf Grundlage dieser sowie der Kalkulation der Kosten für Stromaussetzer sollte eine Kosten-Nutzen-Analyse erstellt werden. Hiermit lässt sich erkennen, ob sich eine Anschaffung rentiert.

Es lässt sich eine Zunahme an Absicherungen mit USV im IT/TK-Sektor, der Verkehrstechnik sowie in der industriellen Produktion zu erkennen.[4] Mit einer Trendentwicklung des Einsatzes von USV-Anlagen in Produktionsbetrieben ist aufgrund der Energiewende und ihre Folgen auf das Stromnetz zukünftig zu rechnen.

4.2.2 Energierückgewinnungssysteme

Eine Methode, um Energie zurückzugewinnen bzw. die Energieeffizienz eines Betriebes zu steigern, stellen Wärmerückgewinnungssysteme dar. Die Möglichkeiten zur Wärmerückgewinnung und –nutzung sind dank moderner Technologien nahezu grenzenlos. In der Prozessindustrie werden hohe Mengen an fossilen Brennstoffen eingesetzt. Die dabei entstehende Abwärme wird häufig ungenutzt an die Umwelt abgegeben. Einige innovative Unternehmen setzen mittlerweile Wärmeaustauscher ein, um die Abwärme zurückzugewinnen.

---

[1] Vgl. **Liebermann, Chris** (2012) S. 46.
[2] Vgl. **Reveman, Steffan** (2010) S. 34.
[3] Vgl. **Sawyer, Richard L.** (2006) S. 21.
[4] Vgl. **Munde, Annedore** (2010) S. 24.

Diese Methode reduziert nicht nur den CO_2-Ausstoß, sondern erweist sich auch als äußerst profitabel, da weniger Energie von externen Lieferanten bezogen werden muss. Mit Wärmeaustauschern wird ein Energieaustausch zwischen unterschiedlichen Materialien (z.B. flüssig und gasförmig) ermöglicht. Je mehr Wärme zurückgewonnen werden kann, desto profitabler ist die Investition. Bisher nutzen jedoch viele Unternehmen ineffiziente Wärmeaustauscher wie Röhren- und Gehäusewärmeaustauscher. In Zukunft ist eher mit einem Anstieg an Investitionen in Plattenwärmer zu rechnen. Diese weisen einen etwa fünffach höheren Effizienzgrad auf als die gebräuchlichen Wärmerrückgewinnungssysteme.[1]

Den Unternehmen stehen verschiedene Möglichkeiten für die Nutzung der wiedergewonnenen Wärme offen. Eine ideale Standardlösung gibt es hier nicht, weil weitere Faktoren wie das spezifische Umfeld und die jeweiligen Analgen des Industrieunternehmens Einfluss auf den Energiekreislauf nehmen. Der Einsatz der wiedergewonnenen Wärme ist darauf abzustimmen. Es bietet sich i.d.R. an die Energie an ihren Entstehungsort gleich wiederzuverwenden. Beispielsweise kann einem Dampfkessel zusätzlich Energie durch die Nutzung von Kühlungswärme zugeführt werden. Auf diese Weise kann mit einem geringeren Einsatz von Dampf eine höhere Leistung erzielt werden. Ferner bieten sich auch Energiekooperationen in Fabriken zwischen einer wärmeintensiven und einer energieintensiven Anlage an. Eine weitere Möglichkeit stellt das Einspeisen der Abwärme in das lokale Fernwärmenetz dar, womit zusätzliche Umsätze erzielt werden können.[2]

Eine weitere Methode zur Energierückgewinnung, stellen Bremsenergierückspeisungssysteme dar. Bremsenenergie, die beim Abbremsen bei Haupt und Nebenantrieben von Maschinen entstehen, kann an diese wieder zurückgeführt werden. In Tests lagen die Anteile wiedergewonnener Energie bei 30-40% für Vorschubantriebe und bei ca. 60% bezüglich Motorspindeln. Bei den aktuellen auf dem Markt verfügbaren Werkzeugmaschinenmodellen, wird diese Energie i.d.R. ins Stromnetz geleitet. Experten halten es jedoch für effektiver die gewonnene Energie in Kondensatoren an der Maschine zwischenzuspeichern und diese für den nachfolgenden Beschleunigungsvorgang zu nutzen.[3]

Mit Wärmerückgewinnungssystemen lassen sich hohe Energiekosten einsparen. Der Tiernahrungshersteller Mars Petcare setzt beispielsweise ein solches System zur Erhitzung von Wasser ein und spart damit ca. 575.000 kWh an Heizenergie pro Jahr ein.[4] Dies entspricht bei einem Elektrizitätspreis von 12,48 Cent/kwh einer Summe von rund 72.000 € jährlich.[5] Die Investition in solch eine Anlage kann sich bereits nach wenigen Monaten amortisieren.[6]

---

[1] Vgl. **Blume, Udo** (2012) S. 44.
[2] Vgl. **Blume, Udo** (2012) S. 44.
[3] Vgl. **Schroeter, Stefan** (2010) S. 26.
[4] Vgl. **Atlas Copco** (2011).
[5] Vgl. **Bundesministerium für Wirtschaft und Energie** (2012) Tabellenblatt Nr. 29a.
[6] Vgl. **Atlas Copco** (2011).

Stephen Newman von der britischen University of Bath hat festgestellt, dass eine Werkzeugmaschine nur zwischen 15 und 25% ihrer insgesamt benötigten Energie für die direkte Bearbeitung von Material nutzt. Mit dem größeren Anteil werden Maschinenteile wie Pumpen, Lüfter und Steuerung versorgt. Außerdem laufen Werkzeugmaschinen oftmals weiter, wenn keine Materialbearbeitung stattfindet und verbrauchen dabei unnötig Energie. Stephen Newman ist daher der Auffassung, dass die Steuerung der derzeitig angebotenen Werkzeugmaschinen neu zu konzipieren ist. Nur auf diese Weise ist es möglich das gesamte Energiesparpotenzial auszuschöpfen.[1]

Aufgrund steigender Energiepreise sinkt die Amortisierungszeit von getätigten Investitionen in Energierückgewinnungssysteme

4.2.3 Kraft-Wärme-Kopplungsanlagen

Gegenwärtig wird in Deutschland Strom vorwiegend in zentralen E-Werken produziert und danach über sehr weite Strecken zum Verbraucher geliefert. Schon bei der Energieerzeugung und -bereitstellung gehen bis zu 26% der Energie verloren. Beim Endverbrauch ist sogar ein Verlust bzw. Verschwendung an Energie von bis zu 37% zu verzeichnen. Eine Alternative zur zentralen Elektrizitätsgenerierung, ist die zentrale Kraft-Wärme-Kopplung. Mit dieser Methode lassen sich auch hohe Kosten aus der Wärmeerzeugung mit Heizkesseln einsparen. Diese lassen sich in fast allen Produktionsbetrieben vorfinden, wo sie ca. 20-60% der Energiekosten verursachen.

Bei dem Verfahren der Kraft-Wärme-Kopplung werden i.d.R. vor Ort sowohl Strom als auch Wärme (Warmwasser, Wasserdampf oder Heißluft) erzeugt, üblicherweise mit Gasturbinen und unter Einsatz von Abwärme, die entweder aus dem Kraft-Wärme-Kopplungsprozess selbst oder von den Abgasen anderer Prozesse entnommen wird.[2]

Kraft-Wärme-Kopplungssysteme sind ideal für Industriebetriebe, da diese i.d.R. einen gleichmäßigen und recht konstanten Bedarf an Strom und Wärme haben, sodass das System nicht ständig hoch- und runtergefahren werden muss.[3] Das größte Potenzial dieses Lösungsansatzes liegt daher in den energieintensiven Branchen wie der Metall-, Zement-, Druck- und Papierindustrie, der chemischen und der Lebensmittelindustrie sowie der Erdölverarbeitung.[4]

Unter dem Einsatz des Prinzips der Kraft-Wärme-Kopplung produzieren auch Blockheizkraftwerke (BHKW) gleichzeitig Wärme und Strom. Im Vergleich zu herkömmlichen Kraftwerken sind hierbei die Energieverluste bei einem Gesamtwirkungsgrad von ca. 90% außerordentlich gering. Mit Gasturbinen betriebene BHKW stellen Prozesswärme von über 100°C zur Verfügung. Das wesentliche Entscheidungskriterium für die Anschaffung eines BHKW

---

[1] Vgl. **Schroeter, Stefan** (2010) S. 26.
[2] Vgl. **Weizsäcker, Ernst U. v.** (2010) S. 50 f.
[3] Vgl. **Weizsäcker, Ernst U. v.** (2010) S. 52
[4] Vgl. **Bundesministerium für Wirtschaft und Energie** (2012) Tabellenblatt Nr. 27.

stellt die Wirtschaftlichkeit dar. Hierfür sind ein hohe Betriebsstundenzahl sowie ein hoher Energiebedarf, insbesondere an Prozesswärme, notwendig. Ein Überschuss an erzeugter Elektrizität lässt sich einfacher in das öffentliche Netz speisen als Wärme, da nicht überall ein Anschluss ans Fernwärmenetz verfügbar ist. Besteht ein Bedarf an Prozesskälte, so kann diese durch eine Kopplung mit Absorptionskältemaschinen, erzeugt werden. Überdies fungieren die BHKW auch als eine Art Notstromaggregat, sodass eine gewisse Unabhängigkeit von der öffentlichen Stromversorgung besteht. Aufgrund von Wirtschaftlichkeitsaspekten sollten BHKW allerdings immer nur zur Deckung der Grundlast herangezogen werden und Spitzenbedarfe sind konventionell abzudecken.[1]

4.3 Lösungsansätze für die Logistik

Zunächst ist darauf hinzuweisen, dass die Logistik wie die Produktion Anlagen zur Energieerzeugung für z.B. stromabhängige Logistikprozesse oder USV-Systeme installieren kann, um direkte Folgen der Energiewende auf die Logistik (durch z.B. Elektrizitätsausfälle) zu mindern. Indirekte Folgen, die sich in einem Zusammenbruch der Transportträger (siehe Kapitel 3.4.1 bis 3.4.4) äußert, können jedoch kaum von der Logistik aufgrund der hohen Investitionsvolumina in diesen Bereichen (z.B. für die Absicherung der Verkehrsleitsysteme durch USV) getätigt werden. Die Lösungsvorschläge für die Logistik sind ebenso zahlreich wie jene für die Produktion. Um die Übersichtlichkeit zu erhöhen, bietet es sich auch hier an die Lösungsansätze in Kategorien zu gliedern. Eine Vielzahl an energieeffizienten Technologien ist mittlerweile für die Logistikbranche auf dem Markt vertreten. Insbesondere im Bereich der Transportmittel (Lkw, Bahn, Schiff etc.) ist eine steigende Tendenz an Innovationen zur Energieeinsparung zu erkennen. Diese Technologien bilden die erste Kategorie, für welche exemplarisch der Gigaliner, ein überlanger Lkw, im nachfolgenden Kapitel 4.3.1 betrachtet wird. Die zweite Kategorie umfasst alle Maßnahmen zur effizienteren Nutzung von Frachtraum in Transportmitteln. Einige gängige und zukunftsträchtige Maßnahmen werden im Kapitel 4.3.2 „intelligentes Verladungsmanagement" vorgestellt. Ein weiterer Lösungsvorschlag gegen nachteilige Folgen der Energiewende auf die Logistik ist der Wechsel zu energiesparenden Transportwegen. Diese dritte Kategorie wird im Kapitel 4.3.3 behandelt. Der Fokus wurde hier auf die Verlagerung des Güterverkehrs von der Straße auf die Schiene gesetzt, da sich hier ein Trend abzeichnet. Mit allen Technologien und Maßnahmen der zuvor genannten Kategorien lassen sich sowohl die CO_2-Emissionen als auch der Endenergieverbrauch reduzieren.

4.3.1 Gigaliner

Ein Gigaliner ist ein überlanger Lastkraftwagen (Lkw). Ein solches Transportfahrzeug besteht aus einer Lkw-Kombination mit einer Fahrzeuglänge von bis zu 25,25 m. Die Längenbegrenzung

---

[1] Vgl. **o.V. Blockheizkraftwerke (BHKW) für Gewerbe und Industrie** (2012) S. 50.

herkömmlicher Sattelzüge wird damit um 6,50 m überschritten und auch das Fassungsvermögen für Transportgüter ist wesentlich größer. Obwohl Gigaliner nach einer EU-Richtlinie in den EU-Staaten erlaubt und zugelassen werden dürfen, und diese bereits schon seit 1970 in Schweden und Finnland eingesetzt werden, gibt es in Deutschland bisher nur einen auf fünf Jahre begrenzten Feldversuch mit den überlangen Lkw.[1] Mit einer Sondergenehmigung dürfen Unternehmen Gigaliner im Transportwesen seit dem 1. Januar 2012 hierzulande einsetzen. Allerdings beteiligen sich nur acht Bundesländer an dem Feldversuch. Deutschland erlaubt statt den ursprünglich geplanten 60 t zulässiges Gesamtgewicht nur 40 t bzw. bis 44 t bei Fahrten im Kombinierten Verkehr (KV). Die überlangen Lkw sind damit nicht schwerer als die konventionellen Sattelzüge.[2] Diese Beschränkung wurde vorgenommen, da befürchtet wird, dass einige Brücken und Straßen eine höhere Belastung nicht standhalten können.[3] Überdies ist in Deutschland das Überholen mit Gigalinern verboten. Eine Ausnahme stellen Fahrzeuge dar, die nur für eine maximale Geschwindigkeit von 25 km/h zugelassen sind.[4]

Bisher dürfen Gigaliner nur auf Autobahnen und Bundesstraßen (inkl. direkter Zufahrten) fahren. Der Vizepräsident des ADAC, Ulrich Klaus Becker, befürchtet, dass die überlangen Lkws „über kurz oder lang auch im untergeordneten Straßennetz unterwegs sein" werden.[5] Weitere Kritiker dieser Technologie sehen durch die Gigaliner auch die Gefahr der Verlagerung von Transporten von der Schiene auf die Straße. Diese Befürchtung lässt sich durch die Tatsache relativieren, dass sich der Einsatz der überlangen Lkw nur für bestimmte Transportarten und –wege eignet. Insbesondere sind z.B. Seehafenhinterlandverkehre sowie „Hauptläufe zu und aus Hubs innerhalb der Nabe-Speiche-Systeme von Stückgutspeditionen und Paketdiensten, die nur über die Autobahn geführt und ganz überwiegend nachts abgewickelt werden"[6], geeignet. In diesen Anwendungsbereichen lassen sich mit Gigalinern Effizienzgewinne generieren, da hier die Abhängigkeit von einer Mindestauslastung (wird auf ca. 77% geschätzt, um Effizienzgewinne erwirtschaften zu können) entfällt.[7] Überdies sollte auch der Einsatz der Gigaliner im Kombi-Verkehr auf der Schiene getestet werden, da hier ein hohes Effizienzpotenzial vermutet wird.[8]

Ferner ist zu erwähnen, dass mit 14 gesetzlich vorgeschriebenen technischen Einrichtungen für die überlangen Sattelzüge, die Gefahren für andere Verkehrsteilnehmer minimiert (siehe für weitere Informationen Anhang Punkt g).[9]

Der Hauptgrund für den Einsatz von Gigaliner ist, dass diese die Bewältigung eines gewissen Transportvolumens mit einer geringeren Fahrzeuganzahl ermöglichen. Das Fahrzeugwerk Krone fand in diesem Zusammenhang heraus, dass durch 50% mehr Ladevolumen (157 statt 100 m^3)

---

[1] Vgl. **Bretzke, Wolf-Rüdiger** (2010) S. 74 f.
[2] Vgl. **o.V. Die 20 wichtigsten Fragen zum Lang-LKW** (2011) S. 20.
[3] Vgl. **Bretzke, Wolf-Rüdiger** (2010) S. 74 f.
[4] Vgl. **o.V. Die 20 wichtigsten Fragen zum Lang-LKW** (2011) S. 20.
[5] Vgl. **Eicher, Claus C.** (2010), S. 66.
[6] **Bretzke, Wolf-Rüdiger** (2010) S. 76.
[7] Vgl. **Bretzke, Wolf-Rüdiger** (2010) S. 76.
[8] Vgl. **Eicher, Claus C.** (2010), S. 66.
[9] Vgl. **o.V. Die 20 wichtigsten Fragen zum Lang-LKW** (2011) S. 20.

und 50% mehr Palettenstellplätze (56 statt 33 bei einem konventionellen Sattelzug), ein etwa 20% geringerer Schadstoffausstoß und ein um ca. 15% niedriger Treibstoffverbrauch erreicht werden können.[1] Auch Bundesverkehrsminister Peter Ramsauer plädiert für die bessere Ökobilanz und Wirtschaftlichkeit der Gigaliner im Vergleich zu herkömmlichen Lkw, denn „zwei Fahrten mit einem Lang-Lkw ersetzen drei normale Laster."[2]

4.3.2 „intelligentes" Verladungsmanagement

Ein „intelligentes" Verladungsmanagement umfasst im Rahmen des Straßenverkehrs zum einen die direkte Verladung von Gütern an sich und zum anderen die Kooperation zwischen unternehmensverwandten oder –fremden Partnern, welche beabsichtigen Güter auf der gleichen Route zu transportieren.

Mit Hilfe eines „intelligenten" Verladungsmanagements lassen sich zahlreiche Lkw-Fahrten komplett einsparen. Das Ausmaß an gefahrenen Kilometern im Straßenverkehr ohne Beladung ermittelte das Unternehmen Steria Mummert Consulting in einer Studie. Diese besagt, dass der Anteil an Leerkilometern bei etwa einem Drittel liegt. Hier lässt sich das enorme Einsparpotenzial an Energie und Kosten im Bereich Straße erkennen.[3]

Platzsparende Verpackungen können der erste Schritt sein, um den benötigten Transportraum zu minimieren. Eine Maßnahme wäre hier die Eliminierung von Luft aus Produktverpackungen. Die schwedische Möbelhauskette IKEA führte diese Maßnahme bereits im großen Stil durch. Am Beispiel der Teelichter der Marke „Glimma" zeigt sich besonders der Erfolg. Durch eine dichtere Packung der Teelichter passen nun 360 statt 250 Packungen auf eine Palette. Dies entspricht einer Steigerung um rund 30%.[4]

Eine weiterführende Maßnahme ist das „Cluster-Supplier"-Konzept. Hier fügt jeweils ein großer Zulieferer eines Unternehmens die Sendungen mehrerer kleiner zusammen und bildet aus diesen Mischladungen leichter und schwerer Güter. Diese Maßnahme ermöglicht die Optimierung des Gewicht-/Volumen-Verhältnisses je Sendung, sodass das zulässige Gesamtgewicht eines Lkw voll ausgeschöpft werden kann.[5]

Eine Möglichkeit zur Einsparung von Lkw-Ladungen bietet auch die Kooperation von eigentlich konkurrierenden Unternehmen. Bei diesem sogenannten „Kreuz-Supply-Chain"-Verfahren werden die zu transportierenden Güter in Distributionszentren der kooperierenden Unternehmen zusammengefügt und zum gemeinsamen Bestimmungsort transportiert. Die verfügbaren Frachträume werden dabei besser aufeinander abgestimmt.[6]

---

[1] Vgl. **Bretzke, Wolf-Rüdiger** (2010) S. 75 f.
[2] Vgl. **Kürschner, Jörg** (2011) S. 16.
[3] Vgl. **o.V. Mit Kooperation gegen Leerfahrten** (2011) S. 52.
[4] Vgl. **o.V. Grüne Logistik für schwarze Zahlen** (2011) S. 26.
[5] Vgl. **o.V. Grüne Logistik für schwarze Zahlen** (2011) S. 27.
[6] Vgl. **o.V. Grüne Logistik für schwarze Zahlen** (2011) S. 27.

Die Hauptproblematiken dieser horizontalen Kooperation stellen die Aufteilung der Kosten und Gewinne zwischen den beteiligten Firmen sowie die Notwendigkeit einer für die Konkurrenz transparenten Supply-Chain (Lieferketten und somit auch die genauen Frachtrouten) dar. Hierfür muss ein Online-Portal erstellt werden, das die Waren-, Finanz- und Informationsströme der kooperierenden Unternehmen verwaltet, aufbereitet und zurechenbar macht.[1]

In den USA gibt es bereits ein solches Online Portal von Emty Mills. In Deutschland ist bereits die Arbeit an einem solchen Portal im Rahmen des „Urban Retail Logistics"-Projektes unter der Organisation des Frauenhofer-Instituts begonnen wurden. Ziel der IT-Plattform ist es eine effizientere Zusammenarbeit von Handel und Logistik durch Bündelung von Warenversorgungsströmen und die Reduzierung notwendiger Fahrten zu ermöglichen.[2]

4.3.3 Wechsel zu energiesparenden Transportwegen

Im Jahr 2010 wurden in Deutschland 4,07 Mrd. Tonnen im gewerblichen Güterverkehr transportiert. 76% am Gesamtgütertransport werden vom Lkw getragen. Damit ist dieser das wichtigste Transportmittel. Auf den Warentransport mit der Bahn entfallen 9%, auf den Wasserwegen (Binnen- und Küstenschifffahrt) werden 7% aller Güter befördert und mit dem Flugzeug 0,1% (innerhalb Deutschlands).[3] Im Folgenden wird sich aufgrund der vergleichsweise geringen Bedeutung des Flugverkehrs für den Gütertransport in Deutschland, auf die anderen drei Transportwege konzentriert, wobei hier der Fokus insbesondere auf der Straße und der Schiene liegen soll.

In der Studie von Andrew Macintosh wurde die Energieintensität, d.h. die Relation zwischen dem Energieverbrauch und der Anzahl gefahrener Tonnenkilometer (Tkm), verschiedener Transportmittel in Australien bestimmt. Es ist anzunehmen, dass sich die dabei ergebenen Ergebnisse den Verhältnissen der in Deutschland eingesetzten Transportmittel entsprechen. Die höchste Energieintensität weisen laut der Studie Lieferwagen mit 12,07 Megajoule (MJ) / Tkm auf. Dieser herausstechende Wert ist vor allem auf das geringe Frachtvolumen dieses Transportmittels zurückzuführen. Auch Lkw weisen im Vergleich zu anderen Transportmitteln eine relativ hohe Energieintensität von 2,95 MJ/Tkm auf. Küstenschiffe mit einem Wert von 0,17 MJ/Tkm und die Bahn mit 0,09 MJ/Tkm weisen hingegen einen deutlich geringeren Energieverbrauch pro Tonne Transportgüter auf. Überdies wurden in der Studie auch die Emissionsintensität, d. h. das Verhältnis zwischen dem Ausstoß an Treibhausgasen und den gefahrenen Tkm, von Transportmitteln. Eine hohe Emissionsintensität kann auf die Realisierung der Energiewende nachteilig auswirken. Für den Lkw ergibt sich ein Wert von 209 gCO_2-Äquivalenz/Tkm. Für Küstenschiffe liegt die Emissionsintensität hingegen nur bei 15 gCO_2-Äquivalenz/Tkm. Mit 6 gCO_2-Äquivalenz/Tkm hat auch hier die Bahn den geringsten

---

[1] Vgl. **o.V. Mit Kooperation gegen Leerfahrten** (2011) S. 52.
[2] Vgl. **o.V. Mit Kooperation gegen Leerfahrten** (2011) S. 52.
[3] Vgl. **Statistisches Bundesamt** (2011).

Wert.[1] Schiene und Wasser können demnach als energiesparende und klimafreundliche Transportwege bezeichnet werden. Um den Endenergieverbrauch und die CO_2-Emissionen zu senken, sollten der Lkw nur als Kurzstreckenfahrzeug, vom Güterbahnhof oder Hafen zum Bestimmungsort, eingesetzt werden. Längere Strecken sollten den Zügen und Schiffen vorbehalten werden.[2]

Viele Handels- und Logistikunternehmen haben den Wechsel zu energieeffizienten Transportmitteln bereits im Verlauf der letzten Jahre vollzogen. Insbesondere der Transport mit der Bahn bzw. der Kombinierte Verkehr (KV) haben hohe Wachstumsraten zu verzeichnen. Eine entscheidende Rolle zur Förderung der Verlagerung des Güterverkehrs von der Straße auf andere Transportwege hat dabei die EU-Kommission. Mit ihrem 2011 vorgelegten Weißbuch „Verkehr 2050" strebt sie an innerhalb der nächsten 20 Jahre mindestens 30% des Straßengüterverkehrs in Europa auf das Schienen- und Wasserstraßennetz zu verlagern. Diese Quote soll bis zum Jahr 2050 auf mindestens 50% gesteigert werden.[3] Allerdings gibt es einige Kritiker für dieses Vorhaben. Der Bundesverband Güterkraftverkehr Logistik und Entsorgung (BGL) z.B. bewertet das Projekt als unrealistisch, da allein für den Ausbau des Schienennetzes enorme Investitionen zu tätigen sind. Die einzelnen EU-Staaten sind nicht fähig diese alleine zu tragen.[4] „Das bestehende Netz in Deutschland müsste unter Berücksichtigung des von der EU erwarteten Wachstums in etwa verfünffacht werden. Der Kombinierte Verkehr müsste auf das Acht- bis Zehnfache des heutigen Volumens steigen."[5]

Versuche im Bereich der Verlagerung von Gütertransporten von der Straße auf die Schiene bei Fahrten von West- und Mitteleuropa nach Osteuropa zeigten, dass die Ladungen im Durchschnitt nicht länger unterwegs waren als beim gleichen Versuch mit Lkw. Zeit kann sogar u.U. gewonnen werden, da auf der Schiene das Sonntags- und Fahrverbot, was es auf den Straßen und Autobahnen gibt, nicht greift. Überdies können unvorhergesehene Wartezeiten durch Staus auf Straßen vermindert werden.[6]

Im Bereich der Bahn rückt vor allem der KV immer stärker in den Fokus vieler Transportunternehmen. Hier erfolgt die Bündelung von Transportgütern für Langstrecken. Die regionale Verteilung übernehmen Lkw. Der KV bietet ein gesamteuropäisches Verkehrsnetz. Inzwischen sind sogar Sattelanhänger mit einer autarken Energieversorgung verfügbar, sodass Frisch- und Tiefkühlware bis zu einer Woche gekühlt werden können. Der Nachfrage nach KV steht europaweit mittlerweile keinem ausreichenden Angebot mehr gegenüber, da das Schienennetz unzureichend ausgebaut ist und viele hochfrequentierte Terminals an ihren Kapazitätsgrenzen arbeiten bzw. diese teilweise schon überschritten haben. Mit einer

---

[1] Vgl. **Macintosh, Andrew** (2007).
[2] Vgl. **Weizsäcker, Ernst U. v.** (2010) S. 216.
[3] Vgl. **EU-Kommission** (2011).
[4] Vgl. **Mett, Udo** (2012) S. 50.
[5] **Mett, Udo** (2012) S. 50.
[6] Vgl. **Mett, Udo** (2012) S. 50.

Verbesserung der Situation ist im Verlauf des Jahres 2012 zu rechnen, da hier umfangreiche Ausbau- und Erweiterungsmaßnahmen abgeschlossen werden.[1]

Der KV ist mit den Preisen des Transportes auf Straßen konkurrenzfähig bzw. sogar teilweise auf einigen Langstrecken um einiges günstiger. Aufgrund dessen liegt der Anteil des KV am alpenquerenden Verkehr von Deutschland nach Italien mittlerweile bei über 40%. Auch auf anderen Strecken ist eine steigende Tendenz zum Übergang auf KV zu verzeichnen. Positive Nebeneffekte sind dabei, dass der Straßenverkehr entlastet wird, die Sicherheit auf Autobahnen erhöht wird und es möglich ist Gefahrentransporte vermehrt über KV abzuwickeln.[2]

4.4 Zusammenfassung Lösungsvorschläge für Produktion und Logistik

Zusammengefasst lässt sich für das Kapitel 4 sagen, dass bereits zahlreiche Technologien zur Prävention bzw. Reduzierung nachteiliger Folgen für die Produktion und Logistik auf dem Markt zu finden sind und überdies mit weiteren Innovationen zu rechnen ist. Das übergeordnete Ziel dieser Geräte, Maschinen und Anlagen bildet die Steigerung der Energieeffizienz. Eine erhöhte Energieeffizienz führt in vielen Fällen zu sinkenden CO_2-Emissionen und/oder zu einer Reduzierung des Endenergieverbrauchs. Überdies ist es sogar möglich die aus der Energiewende resultierende Verstärkung des Anstiegs der Energiepreise mit einer Erhöhung der Energieeffizienz zu kompensieren. Bei einem sinkenden Verbrauch an Energie mit einem weniger stark ansteigenden Preis für Energie, können sogar die Energiekosten gesenkt werden. Dadurch wäre es sogar möglich die Wettbewerbsfähigkeit im nationalen bis hin zum internationalen Raum zu stärken.

Bei den generellen Lösungsansätzen handelt es sich vorwiegend um relativ kostengünstige Maßnahmen, die sich mit einem geringen Aufwand durchführen lassen. Hier zeigt sich bereits das enorme Energieeinsparpotenzial in der Produktion und Logistik.

Bezüglich der Lösungsansätze für die Produktion lässt sich sagen, dass den Betrieben Möglichkeiten zur Verfügung stehen, um sich gegen kurzfristige Stromausfälle und Netzschwankungen abzusichern. Für längerfristige Stromausfälle gibt es bisher für den Betrieb energieintensiver Anlagen keine Lösungen. Um die Auswirkungen eines länger anhaltenden Elektrizitätsausfalls zu minimieren bietet es sich jedoch an eine unternehmenseigene Energieversorgung zu etablieren (z.B. in Form von KWK-Anlagen). Hiermit lässt sich die Abhängigkeit von dem öffentlichen Energienetz reduzieren. Überdies können Energierückgewinnungssysteme in einem hohen Maß zur Steigerung der Energieeffizienz beitragen.

Für den Bereich Logistik lassen sich viele Maßnahmen treffen, um nachteiligen Folgen der Energiewende vorzubeugen. Der Einsatz kraftstoffeffizienter Transportmittel bewirkt eine Verringerung der Abhängigkeit von Kraftstoffen. Aufgrund einer ungenügenden

---

[1] Vgl. **Kapell, Elisabeth** (2011) S. 38.
[2] Vgl. **Kapell, Elisabeth** (2011) S. 38.

Krisenprävention der Tankstellen für den Fall eines Stromausfalls, können kraftstoffeffiziente Transportmittel u. U. länger als konventionelle Fahrzeuge betrieben werden. Weitreichende Potenziale zur Einsparung von Kraftstoff und somit auch von CO_2-Emissionen sind im Bereich des „intelligenten" Verladungsmanagements zu finden. Vor allem diesbezügliche Kooperationen zwischen eigentlich konkurrierenden Unternehmen bergen hohe Effizienzpotenziale. Auch der Wechsel zu energiesparenden Transportwegen kann einen Beitrag zur Senkung der Gesamtenergiekosten und somit auch des Endenergieverbrauchs von Logistikbetrieben leisten.

Die hier im Kapitel 4 beschriebenen Maßnahmen bedürfen überwiegend eines hohen Investitionsvolumens. Dieses ist nach Auffassung der Bundesregierung von den Unternehmen selbst als Beitrag zur Energiewende aufzuwenden. Wann sich eine Investition in energieeffiziente Technologien für Unternehmen lohnt, ist zunächst mit einer Kosten-Nutzen-Analyse sowie einer detaillierten Investitionsplanung herauszufinden. Nur so lässt sich für jedes Unternehmen spezifisch herausfinden, ob sich die geplante Investition rentiert.

Für den Bereich Logistik ist abschließend anzumerken, dass sich zwar Lösungsansätze zur Absicherung von Gebäuden (z.B. Lager) gegen mögliche Stromausfälle treffen lassen, jedoch können die Logistikunternehmen fast keine Maßnahmen zur Prävention gegen die Auswirkungen eines Elektrizitätsausfalls auf die Infrastrukturen treffen. Zum einen wären hier sehr hohe Investitionen zu tätigen (z.b. zur Installation von USV-Anlagen für ganze Güterbahnhöfe), die weit über das Kapital vieler Logistikunternehmen hinaus gehen würden und zum anderen haben die Logistiker hier teilweise keinen Handlungsspielraum, da die Verantwortung in den Händen des Staates liegt.

5. Maßnahmen des Staates zur Umsetzung der Energiewende

Der Bundesregierung hat im März 2011 die Energiewende beschlossen und zeigt mit der Bezeichnung dieser als „Gemeinschaftswerk" auf, dass die Privathaushalte und -wirtschaft für die Umsetzung sowie das Erreichen der Zielvorgaben verantwortlich sind. Nichtsdestotrotz hat auch der deutsche Staat Maßnahmen für eine erfolgreiche Bewerkstelligung der Energiewende zu treffen und anzuwenden. Ihm kommt die Aufgabe zu die Rahmenbedingungen für die Umsetzung der Energiewende zu schaffen. In den nachfolgenden Unterkapiteln werden zwei für die Bewerkstelligung der Energiewende existenzielle Maßnahmenbereiche vorgestellt. Hierbei werden jeweils die geplanten Vorgehensweisen der Bundesregierung erläutert. Abschließend werden Planungslücken aufgezeigt und zum Teil ergänzende Maßnahmen benannt (einige weitere Maßnahmen wurden bereits angerissen, siehe Kapitel 2 und folgende).

5.1 Netzausbau und Smart-Grids

Das heutige deutsche Stromnetz basiert auf historisch gewachsene Erzeugungsstrukturen. Die Elektrizitätserzeugungsanlagen liegen in der Nähe der Verbraucherzentren.[1] Bislang ist das Elektrizitätsnetz vor allem an den bestehenden Großkraftwerken angepasst. Dies ist darauf zurückzuführen, dass die großen Stromkonzerne auch die Netzbetreiber waren bzw. z.T. auch noch sind und das Netz nach ihren Bedürfnissen ausgerichtet haben.[2]

Wie bereits in den Unterkapiteln von Kapitel 2 erwähnt, findet in Deutschland momentan ein Wechsel von einer zentralen zu einer dezentralen Energieerzeugung statt. Hierfür ist ein leistungsfähiges deutsches Overlay-Netz („Stromautobahnen") erforderlich, das in den europäischen Netzverbund integriert wird. Hier wird Deutschland aufgrund seiner geografischen Lage weiterhin eine bedeutende Rolle beim Stromaustausch haben. Wie bereits im Kapitel 2.5 erwähnt ist vor allem der Bau von Nord-Süd Trassen dringend notwendig.

Für einen zügigen Ausbau der Netzinfrastrukturen hat die Bundesregierung die Rahmenbedingungen zu schaffen. Eine Maßnahme, die die Bundesregierung bereits ergriffen hat, ist die Informierung der Bevölkerung durch die Kampagne „Netze für eine umweltschonende Energieversorgung". Diese soll Verständnis und Akzeptanz für den Leitungsausbau schaffen.[3] Die Bundesregierung plant und organisiert bereits weitere Maßnahmen, um den Netzausbau zu ermöglichen. Einige wesentliche Regelungen betreffen die Netzbetreiber, die für den Aus- sowie Umbau des Stromnetzes verantwortlich sind. Sie müssen seit 2011 der Bundesregierung jährlich einen zehnjährigen Netzbauplan für das gesamte deutsche Gebiet vorlegen. Diesen müssen sie zuvor untereinander abgestimmt haben. In dem Netzbauplan sind die energiewirtschaftlichen Bedarfe der einzelnen Bundesländer mit einzubeziehen.

Des Weiteren sieht die Bundesregierung eine Beschleunigung der Genehmigungsverfahren im Leitungsausbau vor. Eine wichtige Maßnahme betrifft die Finanzierung des Aus- und Umbaus des Netzes. Hier beabsichtigt die Bundesregierung dafür zu sorgen, dass die erforderlichen Investitionen wirtschaftlich attraktiv für die Netzbaubetreiber und andere Investoren gestaltet werden, damit diese das notwendige Kapital bereitstellen. Die Bundesregierung erwägt in diesem Zusammenhang die unmittelbare Anrechnung der Kosten für den Leitungsausbau sowie die Einrichtung von Sanktionsmechanismen, durch welche die Netzbetreiber bei Fortschritten im Netzausbau belohnt werden.[4] Ferner sieht die Bundesregierung vor rechtliche Rahmenbedingungen zur Förderung der Cluster-Anbindung von Off-Shore-Windparks in der Nord- und Ostsee zu schaffen.[5]

---

[1] Vgl. **Bundesministerium für Umwelt, Naturschutz und Reaktorsicherheit** (2011) S. 18.
[2] Vgl. **Krämer, Georg** (2011) S. 35.
[3] Vgl. **Bundesministerium für Umwelt, Naturschutz und Reaktorsicherheit** (2011) S. 18.
[4] Vgl. **Bundesministerium für Umwelt, Naturschutz und Reaktorsicherheit** (2011) S. 19.
[5] Vgl. **Bundesministerium für Umwelt, Naturschutz und Reaktorsicherheit** (2011) S. 20.

Ein weiterer Punkt betrifft den Aufbau von Smart Grids bzw. den Umbau des deutschen Stromnetzes zu einem „intelligenten" Netz. Smart Grids ermöglichen ein Lastmanagement auf der Seite der Nachfrager, sodass der tatsächliche Energiebedarf stärker an das Angebot angepasst werden kann. Die Bundesregierung beabsichtigt, dass diese Technologie in Zukunft mit moderner IT Stromerzeugung, -verbrauch, -speicherung und das Leitungsnetz steuern wird. Um eine solche „Smart Electricity" zu ermöglichen ist geplant die rechtlichen Grundlagen für die Einführung von Smart Metern (intelligenten Zählern) sowie für die kommunikative Vernetzung und Steuerung der beteiligten Subjekte zu schaffen. Überdies sind zukünftig lastvariable Tarife für die Verbraucher anzubieten.[1] Weiterführende zusammenhängende Maßnahmen umfassen die Markt- und Systemintegration der EE, die Integration des deutschen Stromnetzausbaus und -umbaus in das europäische Verbundnetz, den Ausbau der On- und Off-Shore-Windenergie sowie die Ausschöpfung der Effizienzpotenziale in den privaten Haushalten, im öffentlichen Bereich und in der Industrie.[2]

Die zuvor genannten und erläuterten Maßnahmen der Bundesregierung werden von vielen Kritikern als unzureichend eingestuft.[3] Weder das Energiekonzept der Bundesregierung von 2010 noch die Erläuterungen zu den Maßnahmen der Energiewende von 2011 zeigen konkrete Finanzierungsmöglichkeiten bzw. quantitative Förderungskonzepte für die Netzbetreiber, Energieversorgungsunternehmen und Privathaushalte auf, um den Aus- und Umbau des Stromnetzes, die Integration von Smart Grids sowie die Sicherstellung einer stabilen Energieversorgung zu ermöglichen. Eine Ausnahme stellt das Sonderprogramm der kfW für den Ausbau der Off-Shore-Windparks dar (siehe Kapitel 2.7).

Es bleibt bisher fraglich wie und von wem die für den Netzausbau sowie in die Installation von Smart Grids benötigte Investitionssummen aufgebracht werden soll. Eine Möglichkeit wäre auch die Verlagerung der Investitionskosten auf die Steuerzahler.

5.2 Energiezwischenspeicher

Die Bundesregierung strebt das Ziel an den jetzigen Anteil an EE am Bruttoendenergieverbrauch auf 18% bis zum Jahr 2020 zu steigern. Bezüglich des Bruttostromverbrauchs ist eine Erhöhung des Anteils an EE von 17% (2010) auf 35% vorgesehen. Hier wird deutlich, dass bei Zielerreichung zahlreiche Anlagen zur Energiegewinnung aus erneuerbaren Energieträgern installiert sein werden. Hier besteht die Problematik, dass die Verfügbarkeit einiger wesentlicher erneuerbarer Energieträger witterungs- (z.B. Windstille) und tageszeitabhängig (keine Sonnenstrahlung in der Nacht) ist. Aufgrund dessen kann einerseits die Grund- und Mittellast nicht jederzeit abgedeckt werden andererseits herrscht zu gewissen Zeiten ein hohes Angebot an Energie die einer geringeren Nachfrage gegenübersteht (z.B. nachts aufgrund zahlreicher stromerzeugender

---

[1] Vgl. **Bundesministerium für Umwelt, Naturschutz und Reaktorsicherheit** (2011) S. 19.
[2] Vgl. **Bundesministerium für Umwelt, Naturschutz und Reaktorsicherheit** (2011) S. 7 ff.
[3] Vgl. **Zentralverband Elektrotechnik- und Elektronikindustrie e. V.** (2010) 2 ff.

Windkraftanlagen).[1] Die Konsequenzen sind Netzschwankungen, zu niedrige Netzspannungen oder sogar Überspannungen, die zu kurzfristigen Stromausfällen sowie Schäden an empfindlicher Elektronik und Maschinen in der Industrie führen können. Um Spannungsschwankungen zu vermeiden und das Stromnetz zu stabilisieren, ist der Einsatz von Energiezwischenspeicher notwendig. Es wird geschätzt, dass bis zum Jahr 2050 bei einer voraussichtlichen deutschen Stromnachfrage von 500 Terawattstunden (TWh) pro Jahr ca. 75 TWh zwischengespeichert werden müssen. Etwa zwei Drittel davon werden benötigt, um Bedarfsspitzen abzudecken. Der Rest ist für das Zwischenspeichern von Windenergie aus der dunklen Jahreszeit für die Bedarfsabdeckung im Sommer erforderlich.[2] Die günstigste Variante mit 5 Cent pro kWh zur Durchführung der Speicher- und Freigabeprozesse ist das Pumpspeicherkraftwerk. Diese Methode wird bereits vielfach in Österreich und Skandinavien[3] eingesetzt. Hier werden mit Energie, der gerade keine Nachfrage gegenübersteht, Pumpen betrieben, die Wasser aus einem tiefer gelegenen Reservoir in einen Speichersee hochpumpen. Bei Engpässen im Elektrizitätsnetz lässt man das Wasser wieder aus den Speichern strömen und erzeugt dadurch Strom. Etwa drei Viertel der investierten Energie stehen am Ende dieses Prozess wieder zur Verfügung. Damit hat das Pumpspeicherkraftwerk einen <u>Wirkungsgrad</u> von 75%.[4] Nach einer Studie der deutschen Bank sind Pumpspeicherkraftwerke im Vergleich mit anderen Energiespeichern am effizientesten.[5] Eine weitere positive Eigenschaft dieser Speicherform ist deren flexible Verfügbarkeit. Sie lassen sich innerhalb weniger Minuten hoch- und runterfahren.[6] Um das Stromnetz zu stabilisieren und auch für zukünftige zunehmende fluktuierende Elektrizitätserzeugung vorzusorgen, strebt die Bundesregierung einen Ausbau der Energiespeicherkapazitäten, insbesondere in Form von Pumpspeicherkraftwerken, an. Mittelfristig ist geplant die verfügbaren deutschen Potenziale für den Bau von Pumpspeicherkraftwerken zu erschließen. Aufgrund der geografischen Gegebenheiten Deutschlands wird befürchtet, dass diese Potenziale langfristig nicht ausreichen. Hier wird in Betracht gezogen ausländische Pumpspeicher zu nutzen. Überdies ist geplant die Forschung in weitere Speichertechnologien (z.B. Wasserstoff-, Druckluft- und Methangasspeicher) zu intensivieren und für den Markt vorzubereiten.[7]

Bezüglich der anvisierten Nutzung von ausländischen Pumpspeicherwerken, würde eine Kooperation Deutschlands mit Norwegen in Betracht kommen. Die beiden Länder ergänzen sich ideal. In Deutschland sind in die Windkraftanlagen ab Herbst bis zu Beginn des Frühlings i.d.R. am stärksten ausgelastet. Überschüssiger Strom aus deutscher Windenergie kann in Norwegen

---

[1] Vgl. **Krämer, Georg** (2011) S. 31.
[2] Vgl. **Ahrens, Ralph** (2012) S. 14.
[3] Norwegen bezieht seinen Strom zu 98% aus Wasserkraft. Hierbei werden zum Teil Pumpspeicherkraftwerke eingesetzt, da sich diese für Norwegens geografische Gegebenheiten hervorragend eignen.
[4] Vgl. **Krämer, Georg** (2011) S. 31.
[5] Vgl. **Gusbeth, Sabine** (2012) S. 35.
[6] Vgl. **Ahrens, Ralph** (2012) S. 14.
[7] Vgl. **Bundesministerium für Umwelt, Naturschutz und Reaktorsicherheit** (2011) S. 21.

zum Hochpumpen von Wasser in Speicherseen genutzt werden. Auch lassen sich in Jahren schlechter Wasserführung die Energieengpässe mit Strom aus deutschen Windkraftanlagen ausgleichen. Im späten Frühjahr könnte hingegen Deutschland mit überschüssiger norwegischer Energie beliefert werden, da sich zu diesem Zeitpunkt die Staubecken mit Schmelzwasser füllen und zusätzliche Energie mit Hilfe von Wasserkraftwerken gewonnen wird. Um solch eine Kooperation zu ermöglichen, sind in Norwegen die Kapazitäten an Pumpspeicherkraftwerken weiter auszubauen. Norwegen bezieht seinen Strom vorwiegend aus Wasserkraftwerken. Da bis vor einigen Jahren der Strombedarf des Landes durch diese Anlagen über das ganze Jahr hinweg komplett abgedeckt werden konnte, wurden nur wenige Pumpspeicherkraftwerke gebaut. Aufgrund von Engpässen im norwegischen Stromnetz wird dieses derzeitig umgebaut. Hierfür werden immense Investitionen getätigt und zahlreiche Netzleitungen gebaut. In der Bevölkerung sind Widerstände gegen den Bau von Stromleitungen zu verzeichnen. Es wird daher angenommen, dass es nur wenig Unterstützung für den Bau weiterer Leitungen sowie Investitionen in Pumpspeicherkraftwerke für eine Kooperation mit Deutschland geben wird, da hier auf dem ersten Blick kein direkten Nutzen für Norwegen zu erkennen ist. Für die Zusammenarbeit der beiden Länder ist die Verlegung eines Seekabels mit einer Leistung von 40 GW für eine leistungsfähigere Verbindung zwischen dem deutschen und dem norwegischen Netz erforderlich.[1] Hier wird mit einem Investitionsvolumen von rund 60 Mrd. Euro gerechnet. Diese Summe zwar generell als sehr hoch einzustufen, aber im Vergleich zu den entstehenden Kosten bei einer Errichtung entsprechender Speicherkapazitäten in Deutschland von ca. 200 Mrd. € ist diese als relativ gering zu bewerten.[2]

5.3 Zusammenfassung Maßnahmen des Staates für die Umsetzung der Energiewende

Zusammengefasst lässt sich sagen, dass der Staat zwar zahlreiche Maßnahmen für die Umsetzung der Energiewende geplant hat, jedoch werden bisher weder klare Fristen für die Umsetzung dieser Maßnahmen benannt, noch werden Finanzierungsmöglichkeiten quantifiziert dargestellt. Dies hat u.A. die Folge, dass potenzielle Kapitalgeber im Unklaren gelassen werden bzw. nur unter Risiko planen können. Um diese Missstände zu beheben, ist ein klares Umsetzungskonzept für die Energiewende notwendig. Überdies hat die Bundesregierung die Netzbetreiber beim Ausbau des Stromnetzes finanziell zu unterstützen. Außerdem sind die vorgesehenen Kooperationen mit skandinavischen und/oder alpinen Ländern vorangetrieben werden. Auch hier hat der Staat für Projekte Finanzmittel zur Verfügung zu stellen.

---

[1] Aktuell wird ein Unterseekabel zwischen Deutschland und Norwegen mit einer Leistung von nur 1,4 GW verlegt. Die Arbeiten werden voraussichtlich 2018 abgeschlossen sein.
[2] Vgl. **Ahrens, Ralph** (2012) S. 14.

6. Fazit

In dieser Arbeit wurde untersucht welche nachteilige Folge die Energiewende auf die Produktion und Logistik hat und welche Lösungsansätze sich finden lassen, um diesen nachteiligen Folgen vorzubeugen. Hier lässt sich sagen, dass die Energiewende bereits einige nachteilige Folgen auf die Logistik und Produktion hat und mit weiteren Auswirkungen ist zu rechnen. Die größte Problematik ist hierbei die Instabilität des Stromnetzes. Wie sich zeigte haben Elektrizitätsausfälle sowie Netzschwankungen fatale Folgen vor allem monetärer Natur auf Produktions- und Logistikunternehmen. Insbesondere die Verkehrsinfrastrukturen sowie der IT/TK-Sektor weisen überwiegend eine unzureichende Krisenprävention auf. Eine weitere Folge der Energiewende ist die Verstärkung des generellen Energiepreisanstieges. Dies kann die Wettbewerbsfähigkeit deutscher Unternehmen beeinträchtigen und sogar zu einer Gefährdung der Existenz bis hin zu Abwanderung führen. Des Weiteren sind der Endenergieverbrauch und die CO_2-Emissionen in den Bereichen Produktion und Logistik zu senken. Insbesondere der Aspekt der Reduzierung des CO_2-Austoßes hat große Auswirkungen auf die Logistik, da diese einen hohen Kraftstoffverbrauch vorweist.

Für viele dieser nachteiligen Folgen der Energiewende lassen sich zahlreiche Lösungsansätze insbesondere in Form von innovativen Technologien finden. Diese zielen in erster Linie auf die Erhöhung der Energieeffizienz ab. Damit einher geht in vielen Fällen eine Reduzierung der Abhängigkeit von der öffentlichen Stromversorgung. Mit den Lösungsansätzen können die Folgen der Energiewende abgeschwächt werden. Ein komplettes umgehen dieser ist jedoch nicht möglich. Zum einen fehlt es der Produktion und Logistik hier an Handlungsspielraum und zum anderen können diese die hohen notwendigen Investitionen (z.B. für eine Absicherung der Stromversorgung im Schienenverkehr) nicht aufbringen. Dies zeigt sich besonders an den Verkehrsinfrastrukturen in den Bereichen der Verkehrsträger Straße, Schiene, Wasser und Luft. Hier hat der Staat entsprechende Maßnahmen zu treffen und durchzuführen. Überdies hat die Bundesregierung weitere rechtliche Rahmenbedingungen für eine schnellere Umsetzung der Energiewende zu setzen. Es wurde festgestellt, dass der Beschluss über die Energiewende durch die Bundesregierung generell zahlreiche Lücken aufweist. Überdies fehlt es an Finanzierungsmöglichkeiten sowie Investoren für Brückentechnologien. Diese werden aufgrund eines unklaren Umstiegskonzeptes abgeschreckt. Auch hier hat die Bundesregierung entsprechende Maßnahmen einzuleiten. Wenn in den nächsten Monaten keine greifenden Maßnahmen getroffen werden, kann dies zu einem Scheitern der Energiewende führen und fatale Auswirkungen für die gesamte deutsche Wirtschaft haben. Sollte die Regierung entsprechende und effiziente Maßnahmen treffen, kann sich die Energiewende zukünftig auf positiv auf die deutsche Wirtschaft auswirken. Deutschland nimmt weltweit eine Vorreiterrolle für einen solchen massiven Umbau der Energieversorgungsstrukturen vor. Hierzulande entstehen dadurch zahlreiche innovative Technologien zur Steigerung der Energieeffizienz. Es ist vorstellbar, dass auch andere Länder den Weg einer Energiewende einschlagen werden. Diese könnte Deutschland mit den dafür spezifisch entwickelten Technologien beliefern.

Glossar

Aluminiumhütte: Großindustrielle Anlage, in der die Herstellung von Reinaluminium erfolgt.[1] Dieser Prozess ist sehr energieintensiv.

Analog: Bei einer analogen Übertragung werden sich kontinuierlich ändernde Spannungen übertragen.[2]

Atommoratorium: Bezeichnet die politische Entscheidung der Bundesregierung vom 14. März 2011, alle deutschen Atomkraftwerke einer Sicherheitsprüfung zu unterziehen und dazu die sieben ältesten Kraftwerke für drei Monate stillzulegen. Das Atommoratorium wurde mit dem seit 2010 gültigen Atomgesetz als „vorsorgliche Gefahrenabwehr" begründet.[3]

Bruttoproduktionswert (BPW): Der Bruttoproduktionswert (auch Produktionswert genannt) bezeichnet hier die Summe der Herstellungskosten und damit den Wert aller produzierten Güter.[4]

Computer Integrated Manufacturing (CIM): CIM ist ein Integrationskonzept für die Verarbeitung von Informationen in Fertigungsunternehmen. Dabei handelt es sich um computergestützte Integration der betriebswirtschaftlichen Planungs- und Steuerungsfunktionen mit den technischen Funktionen in einem Produktionsunternehmen. Damit kann die Aktualität und Qualität der Daten sowie Prozesse zur Auftragsplanung und -durchführung verbessert werden. Die Vereinigung der Produktionsplanung und –steuerung erfolgt mit rechnergestütztes Zeichnen), CAM (rechnergestützte Fertigung) und CAQ (rechnergestützte Qualitätssicherung).[5]

CO_2-Äquivalent: Um die weiteren Treibhausgase (z.B. Methan- und Schwefelhexafluorid) bei der Erfüllung des Kyoto-Protokolls ebenfalls berücksichtigen zu können, ist es erforderlich, eine entsprechende einheitliche Bemessungsgrundlage (CO_2-Äquivalente) festzulegen. Dabei wird das globale Erwärmungspotenzial der anderen Gase in Relation zur Klimawirksamkeit auf 100 Jahre von CO_2 gestellt.[6]

CO_2-Emissionszertifikate: Das Emissionshandelssystem beinhaltet die Versteigerung von Verschmutzungsrechten („Zertifikaten"). Ein Zertifikat entspricht dabei einer Tonne CO_2. Die Grundidee ist, dass bestimmte Betriebe nur so viel CO_2 ausstoßen dürfen, wie sie dafür Rechte haben, sonst müssen sie an einer Börse Rechte von einem sparsameren Betrieb dazukaufen. Das 2005 EU-weit eingeführte System soll zu schadstoffärmerer Produktion führen. Bislang nehmen vor allem Stromproduzenten und große Industrieanlagen (wie z.B. Koksöfen oder Stahlwerke)

---

[1] Vgl. **Trautwein Lexikon-Edition** (1999) S. 24.
[2] Vgl. **Trautwein Lexikon-Edition** (1999) S. 29.
[3] Vgl. **Heflik, Roman** (2011).
[4] Vgl. **Weber, Jürgen** (2012).
[5] Vgl. **Siepermann, Markus** (2012).
[6] Vgl. **AvantTime Consulting GmbH** A (2012).

am EU-Emissionshandel teil. Insgesamt sind es über 10.000 Anlagen. Das System erfasst damit fast die Hälfte aller CO_2-Emissionen in der EU. Die Zertifikate haben die Unternehmen überwiegend kostenlos erhalten und sollen durch die Möglichkeit zur CO_2-Reduktion ermuntert werden, ungenutzte Rechte verkaufen zu können. Ab 2013 werden die Zertifikate jährlich auf EU-Ebene verteilt und vorwiegend versteigert. Auch neue Branchen, wie die Luftfahrt werden in den CO_2-Handel einbezogen. Jedes Jahr soll die Menge ausgegebener Zertifikate um 1,74% gesenkt werden. 2020 würden dann noch 1,72 Milliarden Zertifikate ausgegeben werden (2013: 1,97 Mrd.).[1]

Deutsche Flugsicherung (DFS): Die verschiedenen Zentralen der Deutschen Flugsicherung sind für den Flugverkehr über Deutschland verantwortlich. Die DFS betreibt zudem auf zahlreichen Flughäfen Kontrolltürme.[2]

Digital: Bei einer digitalen Übertragung wird nicht mehr wie bei analogen Übertragungen eine Spannung übertragen, sondern Zahlenwerte, die den Spannungswerten entsprechen.[3]

Endenergie: Endenergie ist die Energie, die aus der Primärenergie durch Umwandlung gewonnen wird. Die Primärenergie wird dabei in eine Form umgewandelt, die der Verbraucher nutzen kann (z.B. die Umwandlung von Windenergie in Strom zur Nutzung von Elektrogeräten).[4]

Energieautarke Fabrik: In einer Energieautarken Fabrik werden Energieüberschüsse aus Fertigungsprozessen in einem Gebäude genutzt. Außerdem liefern das Fabrikgebäude und das – gelände Strom aus Erneuerbaren Energien (wie z.B. aus Windrändern oder Photovoltaikanlagen) für die Maschinen.[5]

Energiekonzept: Das Energiekonzept wurde im September 2010 von der Bundesregierung beschlossen. Es beschreibt die energiepolitische Ausrichtung Deutschland bis zum Jahr 2050. In diesem Konzept sind Maßnahmen zum Ausbau erneuerbarer Energien, der Stromnetze und zur Energieeffizienz festgelegt.[6]

Energie-Mix: Ein Energie-Mix bedeutet hier die Sicherung der Energieversorgung durch verschiedene Energieträger.

Energieproduktivität: Die Energieproduktivität ist ein Maß dafür, wie viel € wirtschaftlicher Leistung pro Einheit Primärenergie erzeugt wird.[7]

---

[1] Vgl. **AvantTime Consulting GmbH** C (2012).
[2] Vgl. **Ausschuss für Bildung, Forschung und Technikfolgeabschätzung** (2011) S. 56.
[3] Vgl. **Trautwein Lexikon-Edition** (1999) S. 191.
[4] Vgl. **Bundesregierung** B (2012).
[5] Vgl. **Schroeter, Stefan** (2010) S. 26.
[6] Vgl. **Bundesministerium für Umwelt, Naturschutz und Reaktorsicherheit** (2011) S. I.
[7] Vgl. **Umweltbundesamt** (2012).

Energieträger: Als Energieträger werden, Impulse, Stoffe, Felder oder Strahlung bezeichnet, die Energie enthalten oder übertragen (z.b. Wind, Wasser, Biomasse, Steinkohle, Mineralöl etc.).[1]

Enterprise Resource Planning (ERP): ERP ist eine bereichsübergreifende Softwarelösungen. Mit Hilfe dieser Software können betriebswirtschaftlichen Prozesse, z.b. in Produktion, Vertrieb, Logistik, Personal und Finanzen gesteuert und ausgewertet werden. Ein ERP-System weist den Vorteil einer einheitlichen Steuerung der verschiedenen Unternehmensbereiche aus. Es dadurch ein sinnvolles Controlling- und Steuerungsinstrument.[2]

Lernkurve: Je länger ein Arbeiter eine Tätigkeit ausübt, desto mehr lernt dieser und kann durch die gesammelten Erfahrungen seine Arbeit effektiver verrichten. Dies führt zu sinkenden Fertigungskosten (bzw. Lohnkosten/ Mengeneinheit).[3]

Erneuerbare Energien (EE): Erneuerbare Energien werden auch als alternative oder regenerative Energien bezeichnet. Dies sind Energiequellen, die sich durch einen natürlichen Prozess ständig erneuern. Zu den erneuerbaren Energien zählen Technologien, die nicht auf Kohlenstoffdioxid basieren. So z.B. Wasser-, Solar -, Wind -, Geothermische, Biomasse, Faul- und (zum Teil) Deponiegasenergie.[4]

Ethernet: Ethernet ermöglicht den Datenaustausch in Form von Datenpaketen zwischen den in einem lokalen Netz (LAN) angeschlossenen Geräten (z.B. Computer, Drucker etc.).[5]

Europa 2020: Dies ist eine Strategie für ein „intelligentes, nachhaltiges und integratives"[6] Wachstum in der EU. Entsprechende Maßnahmen zur Zielerreichung bis zum Jahr 2020, wurden von der EU-Kommission 2010 in schriftlicher Form vorgelegt.[7]

Gazprom: Das russische Unternehmen OAO Gazprom ist das weltweit größte Erdgasförderunternehmen. Für den Erdgasexport hat Gasprom ein Monopol. 41% aller Erdgasimporte Deutschlands erfolgen über Gasprom.[8]

Gesicherte Leistung: Bei der gesicherten Leistung wird ein Abzug von 10 GW der ans Stromnetz angeschlossenen konventionellen Kraftwerke aufgrund von Störungen, Reparaturen und Wartungen berücksichtig und beinhaltet über dies die installierte Leistung von Laufwasserkraftwerke zu 50%, Biomassenanlagen zu 100%, Windkraftkapazitäten zu 7% und von

---

[1] Vgl. **Trautwein Lexikon-Edition** (1999) S. 228.
[2] Vgl. **Klodt, Henning** (2012).
[3] Vgl. **Steven, Marion** (2012).
[4] Vgl. **AvantTime Consulting GmbH** B (2012).
[5] Vgl. **Schnabel, Patrick** (2012).
[6] **Europäische Kommission** (2010).
[7] Vgl. **Europäische Kommission** (2010).
[8] Vgl. **o. V. Russland weiter größter Erdgaslieferant** (2010).

Pumpspeicherkraftwerke zu 100%. Aufgrund der stark schwankenden Verfügbarkeit der Solarleistung gilt diese nicht als gesicherte Leistung und wird nicht miteinberechnet.[1]

Grundbetrieb: Bezüglich Flughäfen umfasst der Grundbetrieb die Sicherstellung der Möglichkeit von Starts und Landungen sowie die Gewährleistung der Abfertigung von Passagieren und Gepäck.[2]

Heizwert: Wärmemenge in Joule/kg, die bei vollständiger Verbrennung eines Stoffes freigesetzt wird.[3]

Hochofen: Im Hochofenprozess wird aus Eisenerz Roheisen erzeugt.

Hub: Bezeichnet einen Knotenpunkt in einem Netzwerk.

Just-in-sequence (JIS): Just in Sequence baut auf das Just-in-time-Konzept auf. Bei JIS stehen aber im Vergleich zu JIT der Zeitpunkt und die Reihenfolge der Anlieferung im Vordergrund. Die Materialien und Teile werden hier nicht nur exakt zum Bedarfstermin, sondern auch synchron zur Reihenfolge der Produktion an das Montageband angeliefert. Hiermit sollen jegliche Verzögerungen vermieden werden.[4]

Just-in-time (JIT): Dies ist ein Organisationsprinzip, dessen Ziel die bedarfsgenaue Implementierung unternehmensinterner und -übergreifender Güteraustauschprozesse ist. Die Just-in-time-Produktion sowie -Zulieferung weist durchgängiger Material- und Informationsflüsse entlang der gesamten Wertschöpfungskette vor. JIT strebt eine hohe Markt- und Kundenorientierung an.[5]

Kanban: Kanban bezeichnet die Identifizierungskarte, die sich bei jedem Einzelteil, jeder Baugruppe und jedem Endprodukt, das im Betrieb verwendet wird, befindet. Wird solch Teil in einer Produktionsstufe verbraucht, dient der Kanban als Bestellkarte, mit der die vorgelagerte Produktionsstufe zur erneuten Herstellung dieses Teils veranlasst wird. Nur wenn eine Produktionsstufe eine Nachfrage hat, erfolgt also die Produktion auf der vorgelagerten Stufe.[6]

Klimawandel: Seit der industriellen Revolution wird der natürliche Treibhauseffekt durch die stark ansteigenden Emissionen von CO_2 und anderen Treibhausgasen verstärkt. Die große Mehrheit der Wissenschaftler ist mittlerweile davon überzeugt, dass unser Klima sich wegen der

---

[1] Vgl. **Ethik-Kommission** (2011).
[2] Vgl. **Ausschuss für Bildung, Forschung und Technikfolgeabschätzung** (2011) S. 47.
[3] Vgl. **Trautwein Lexikon-Edition** (1999) S. 360.
[4] Vgl. **Verein Netzwerk Logistik** (2012).
[5] Vgl. **Krieger, Winfried** A (2012).
[6] Vgl. **Voigt, Kai I.** (2012).

zu hohen Konzentration von Treibhausgasen in der Atmosphäre bereits verändert hat und sich wegen der anhaltenden Freisetzung noch mehr verändern wird.[1]

Kokerei: Die Kokerei ist eine Anlage zur trockenen Destillation von Steinkohle. Das Haupterzeugnis bei diesem Prozess ist Koks.[2]

Kombinierter Verkehr (KV): Hiermit wird der Transport von Gütern mit mindestens zwei unterschiedlichen Verkehrsträgern ohne Wechsel des Transportgefäßes bezeichnet. Ziel des KV ist es, durch die Verknüpfung verschiedener Transportmittel eine durchgängige Transportkette vom Versender zum Empfänger zu bilden und dabei die spezifischen Vorteile der einzelnen Verkehrsträger zu nutzen.[3]

Kondensator: Dies ist bei Dampfkraftmaschinen häufig ein Behälter, in dem sich der Abdampf niederschlägt und als Wasser wieder zur Kafterzeugung eingesetzt wird. Die Abkühlung erfolgt dabei durch Kühlwasser.[4]

Kritikalität: Bedeutet in Bezug auf den Sektor IT/TK, dass ein Ausfall dieses Bereiches (z.B. durch einen Stromausfall) eine lawinenartige Auswirkung auf viele weitere Bereiche hat (z.B. auf Produktionsprozesse oder auf Verkehrsträger).

Kritische Infrastrukturen: „Organisationen und Einrichtungen mit wichtiger Bedeutung für das staatliche Gemeinwesen, bei deren Ausfall oder Beeinträchtigung nachhaltig wirkende Versorgungsengpässe, erhebliche Störungen der öffentlichen Sicherheit oder andere dramatische Folgen eintreten würden."[5] Kritischen Infrastrukturen sind z.B. die Trinkwasser-, die Strom- und die Gesundheitsversorgung.

Kyoto-Protokoll: Ist ein Abkommen der 3. Vertragsstaatenkonferenz der Klimarahmenkonvention im Jahr 1997 in Kyoto. Es beinhaltet die Verpflichtung vieler Staaten zur Reduktion ihrer Emissionen an Treibhausgasen sowie Rahmenvereinbarungen zur Umsetzung dieser.[6]

Lichtemittierende Diode (LED): Eine LED ist eine Diode, also ein Halbleiterbauelement, das in Durchlassrichtung Strahlung abgibt. Die Wellenlänge und somit auch die Farbe sind vom verwendeten Halbleitermaterial abhängig. LED haben im Vergleich zu herkömmlichen Glühlampen höhere Lebensdauer. Allerding wird am Ende der Lebensdauer die Lichtausbeute einer LED auf die Hälfte des ursprünglichen Betrags gesunken sein.[7]

---

[1] Vgl. **AvantTime Consulting GmbH** D (2012).
[2] Vgl. **Trautwein Lexikon-Edition** (1999) S. 458.
[3] Vgl. **Krieger, Winfried** C (2012).
[4] Vgl. **Trautwein Lexikon-Edition** (1999) S. 463.
[5] Vgl. **Senatsverwaltung für Gesundheit und Soziales** (2012).
[6] Vgl. **AvantTime Consulting GmbH** E (2012).
[7] Vgl. **Bluelife GmbH & Co. KG** (2012).

Lkw-Kombination: Mögliche Kombinationen sind Sattelzugmaschinen mit Sattelanhänger (Sattel-KFZ; darunter fällt der verlängerte Sattelauflieger mit 17,80 m), Sattel-KFZ mit Zentralachsenanhänger, Lkws mit Untersetzachse und Sattelanhänger, Sattel-KFZ mit einem weiteren Sattelanhänger und LKW mit einem Anhänger

Motorspindel: Eine Motorspindel ist eine direkt angetriebene Spindel, bei der sich der Motor, direkt auf der Hauptspindel zwischen den Spindellagern befindet. Der Rotor ist hierbei direkt auf die Spindelwelle aufgeschrumpft. Die durch die hohe Verlustleistung entstehende Wärme wird zum Teil über eine Flüssigkeitskühlung oder auch vereinzelt über eine Luftkühlung über den Stator abgeführt.[1]

N-1-Kriterium: Das N-1-Kriterium ist ein Sicherheitsstandard, der bei der Planung und Betriebsführung von Stromnetzen einzuhalten ist. Dieses Kriterium sorgt dafür, dass das Netz (N) auch im Falle des Ausfalls (-1) einer Leitung oder eines Transformators die Versorgung sicherstellen kann.[2]

Nettoimporte: Mit Bezug auf Energieträgern lautet die Formel: Anteile der Summe aus Einfuhr - Ausfuhr – Bunker am Primärenergieverbrauch[3]

Norsk Hydro: Ist ein norwegischer Aluminiumproduzent. Das Unternehmen ist in Deutschland der führende Aluminiumproduzent.

Off Shore-Windparks: Windenergieerzeugung durch im Meer errichtete Windkraftanlagen.

Pick-by-light-Verfahren: (dt.: „Kommissionieren nach Licht") Ist ein Kommissionierverfahren. Dem Kommissionieren werden hier die zu pickenden Artikel sowie Mengen über eine direkt am Entnahmefach angeordnete elektrische Leuchte übermittelt.

Pick-by-voice-Verfahren: (dt.: „Kommissionieren nach Stimme") Die Kommunikation findet bei diesem Verfahren zwischen dem Kommissioniersystem und den Kommissionierern mittels Sprache statt. Die Kommissionierer arbeiten mit einem Headset, welches entweder an einen kleinen PC oder einem eigens dafür entwickelten Gerät angeschlossen ist.

Portalkran: Ortsgebundener, aber beweglicher Kran.[4]

Primärenergie: Primärenergie ist die direkt in den Energiequellen vorhandene Energie (z.B. Brennwert von Kohle). Primärenergieträger sind beispielsweise Erdöl, Erdgas, Wind, Wasser, Solarstrahlung sowie Braun- und Steinkohle. Die Primärenergie wird in Kraftwerken, Raffinerien etc. in Endenergie umgewandelt. Bei der Umwandlung kommt es zu Verlusten. Ein Teil der

---

[1] Vgl. **Weck, Manfred** (2006) S. 47 f.
[2] Vgl. **EW Medien und Kongress GmbH** (2010).
[3] Vgl. **Bundesministerium für Wirtschaft und Energie** (2012).
[4] Vgl. **Ausschuss für Bildung, Forschung und Technikfolgeabschätzung** (2011) S. 57.

Primärenergie wird auch dem nichtenergetischen „Verbrauch" zugeführt (z. B. Rohöl für die Kunststoffindustrie). Beim Primärenergieverbrauch bleiben also die Umwandlungsverluste unberücksichtigt.[1]

Reaktorhaverie: Ist ein anderes Wort für Reaktor- oder Atomunglück.

Reede: Reede ist ein dem Hafen vorgelagerter Ankerplatz.[2]

„Schneechaos" von Münster: Im Winter 2005 fiel im Münsterland und angrenzenden Regionen mehrere Tage lang sehr viel Schnee. Einige Strommasten aufgrund der Schneemassen vielerorts um oder brachen entzwei. Die Stromversorgung wurde unterbrochen. Etwa 250.00 Menschen waren von dem Stromausfall betroffen. Selbst vier Tage nach Ende des Schneefalls waren noch nicht alle Orte wieder an das Stromnetz angeschlossen.

Supply-Chain-Management: Bezeichnet den Aufbau und die Verwaltung integrierter Logistikketten (Informations- und Materialflüsse) über den gesamten Wertschöpfungsprozess, ausgehend von der Rohstoffgewinnung über die Veredelungsstufen bis hin zum Endverbraucher.[3]

Spitzenlastkraftwerk: Spitzenlastkraftwerke können innerhalb weniger Minuten vollständig hochgefahren werden, sodass es möglich ist in kürzester Zeit die Spitzenlast innerhalb des Elektrizitätsnetzes abzudecken. Die Betriebskosten dieser Anlagen spielen eher eine untergeordnete Rolle, da die Spitzenlastkraftwerke ausschließlich in Zeiten genutzt werden, in denen die Spitzenlast auftritt.[4]

Tennet: Tennet Holding B.V. ist ein niederländischer Stromnetzbetreiber. 2010 kaufte Tennet von E.ON deren deutsches Höchstspannungsnetz und ist jetzt für den Anschluss von einiger deutscher Off-Shore-Windparks an das Stromnetz verantwortlich.

Twenty-foot Equivalent Unit (TEU): Twenty-foot Equivalent Unit (dt.: **20-Fuß-Einheit**) ist eine Maßeinheit im Containerverkehr. Auf diese Längeneinheit werden Container verschiedener Länge umgerechnet, um die Kapazitäts- und Durchsatzmessung zu vereinheitlichen.[5]

Ticketing: Das Ticketing ist eine Möglichkeit, um die verschiedenen Güter über IT-Systeme zu erfassen.[6]

Transeuropäisches Netz (TEN): Diese sollen einen Beitrag zur besseren Vernetzung des Binnenmarktes der EU und zur Verbesserung des wirtschaftlichen und sozialen Zusammenhaltes

---

[1] Vgl. **Bundesregierung** B (2012).
[2] Vgl. **Trautwein Lexikon-Edition** (1999) S. 702.
[3] Vgl. **Lackes, Richard** (2012).
[4] Vgl. **Energy INlife GmbH & Co. KG** (2012).
[5] Vgl. **Krieger, Winfried** B (2012).
[6] Vgl. **Ausschuss für Bildung, Forschung und Technikfolgeabschätzung** (2011) S. 54.

der Union leisten. Die EU strebt eine gewisse Vereinheitlichung der Verkehrssysteme angestrebt. TEN umfasst Verkehrs-, Energie- und Telekommunikationsnetze.[1]

Transitverkehr: Der Transitverkehr bezeichnet die Durchfuhr von Waren von einem Staat zum anderen durch das Territorium eines dritten.[2]

Unterbrechungsfreie Stromversorgung: Diese Technologie wird eingesetzt, um bei Störungen im Elektrizitätsnetz die Versorgung kritischer elektrischer Lasten sicherzustellen. Im Unterschied zu Netzersatzanlage tritt bei USV-Anlagen kurze Unterbrechung der Stromversorgung durch die Umschaltung auf.[3]

Wärmeaustauscher: Vorrichtung zum Austausch von Wärme von einem Trägerkreis zu einem anderen, i.d.R. ohne unmittelbaren Kontakt der beiden Wärmeträger. In Sonderfällen gibt es erfolgt auch ein Wärmeaustausch durch eine Mischung (z.B. bei der Erzeugung von Heißwasser aus Wasserdampf).[4]

Wirkungsgrad: Der Wirkungsgrad einer technischen Anlage (z. B. Kraftwerk) ist ein Maß für das Verhältnis des erreichten Nutzens gegenüber dem eingesetzten Aufwand. Oder auch das Verhältnis aus nutzbarer Energie (bei gleichzeitiger Abgabe von Wärme) zu eingesetzter Energie. Der Wirkungsgrad ist ein Kriterium für die Effektivität des Prozesses: Je höher der Wirkungsgrad ist, desto effektiver und umweltschonender arbeitet die Anlage.[5]

---

[1] Vgl. **European Commission** (2011).
[2] Vgl. **Trautwein Lexikon-Edition** (1999) S. 863.
[3] Vgl. **Augsten, Stephan** (2009).
[4] Vgl. **Trautwein Lexikon-Edition** (1999) S. 913.
[5] Vgl. **Bundesregierung** B (2012).

Anhang

a) Einheiten für Energie und Leistung

Vorsätze und Vorsatzzeichen

Kilo	= k	= 10^3	= Tausend		Tera	= T	= 10^{12}	= Billion
Mega	= M	= 10^6	= Million		Peta	= P	= 10^{15}	= Billiarde
Giga	= G	= 10^9	= Milliarde		Exa	= E	= 10^{18}	= Trillion

Definierte Einheiten für Energie und Leistung

Joule	(J)		für Energie, Arbeit, Wärmemenge		
Watt	(W)		für Leistung, Energiestrom, Wärmestrom		
1 Joule	(J)	=	1 Newtonmeter (Nm)	=	1 Wattsekunde (Ws)

Quelle: **Bundesministerium für Wirtschaft und Energie** (2012) Tabellenblatt Nr. 0.1.

b) Auszug aus dem Energiewirtschaftsgesetz (EnWG)

§ 53a Sicherstellung der Versorgung von Haushaltskunden mit Erdgas

Gasversorgungsunternehmen, die Haushaltskunden oder Betreiber von gasbetriebenen Fernwärmeanlagen beliefern, haben zu gewährleisten, dass

1. die von ihnen direkt belieferten Haushaltskunden und

2. Fernwärmeanlagen, soweit sie Wärme an Haushaltskunden liefern, an ein Erdgasverteilernetz oder ein Fernleitungsnetz angeschlossen sind und keinen Brennstoffwechsel vornehmen können, mindestens in den in Artikel 8 Absatz 1 der Verordnung (EU) Nr. 994/2010 des Europäischen Parlaments und des Rates vom 20. Oktober 2010 über Maßnahmen zur Gewährleistung der sicheren Erdgasversorgung und zur Aufhebung der Richtlinie 2004/67/EG des Rates (ABl. L 295 vom 12.11.2010, S. 1) genannten Fällen versorgt werden. Darüber hinaus haben Gasversorgungsunternehmen im Falle einer teilweisen Unterbrechung der Versorgung mit Erdgas oder im Falle außergewöhnlich hoher Gasnachfrage Haushaltskunden sowie Fernwärmeanlagen im Sinne des Satzes 1 Nummer 2 mit Erdgas zu versorgen, solange die Versorgung aus wirtschaftlichen Gründen zumutbar ist. Zur Gewährleistung einer sicheren Versorgung von Haushaltskunden mit Erdgas kann insbesondere auf die im Anhang II der Verordnung (EU) Nr. 994/2010 aufgeführten Instrumente zurückgegriffen werden.

c) **Auszug aus dem Erneuerbaren-Energien-Gesetz (EEG)**

§ 2 Anwendungsbereich

Dieses Gesetz regelt

1. den vorrangigen Anschluss von Anlagen zur Erzeugung von Strom aus Erneuerbaren Energien und aus Grubengas im Bundesgebiet einschließlich der deutschen ausschließlichen Wirtschaftszone (Geltungsbereiches Gesetzes) an die Netze für die allgemeine Versorgung mit Elektrizität,

2. die vorrangige Abnahme, Übertragung, Verteilung und Vergütung dieses Stroms durch die Netzbetreiber einschließlich des Verhältnisses zu Strom aus Kraft-Wärme-Kopplung (KWK) sowie einschließlich Prämien für die Integration dieses Stroms in das Elektrizitätsversorgungssystem,

3. den bundesweiten Ausgleich des abgenommenen Stroms, für den eine Vergütung oder eine Prämie gezahlt worden ist.

d) **Ergänzung: Umweltauflagen**

Die Off-Shore-Windparks dürfen aufgrund des Wattenmeeres erst ab einer Küstenentfernung von 40 km im Meer gebaut werden. In Dänemark liegt beispielsweise die Grenze bei 20 km. In Deutschland muss daher in Wassertiefen von bis zu 50 m gebaut werden. Dadurch wird der Bau erschwert und ist kostenintensiver. Außerdem darf zwischen Mai und August nicht gebaut werden, da befürchtet wird, dass der Orientierungssinn der Schweinswale gestört wird.[1]

e) **Ergänzung: Studien über die entstehenden Kosten eines Stromausfalls**

In einer weiteren Studie wurde sich mit den Blackout in Nordamerika im Jahr 2003 befasst. Die Basis ist eine Umfrage zur Zahlbereitschaft der Stromverbraucher für die Vermeidung eines Ausfalls der Elektrizitätsversorgung. Es ergab sich eine Zahlungsbereitschaft mit dem hundertfachen Preis einer KWh. Anschließend wurde dieser Wert mit der Anzahl der betroffenen Personen und der durchschnittlichen Dauer des Ausfalls multipliziert. Dadurch ergab sich ein Betrag zwischen 6,8 bis 10,3 Mrd. US$. Ein ähnliches Ergebnis wurde auch bei einer anderen Studie ermittelt. Der finanzielle Schaden beläuft sich demnach zwischen 4,5 und 8,2 Mrd. US$.[2]

f) **Ergänzung Kraftstoffverfügbarkeit im Falle eines Stromausfalls**

Bezüglich der Kraftstoffversorgung ist zu sagen, dass im Falle eines Ausfalls der Elektrizität an den Tankstellen im betroffenen Gebiet das Tanken nicht mehr möglich ist. Ausfallende Pumpen können die Kraftstoffe nicht mehr aus den unterirdischen Tankanlagen zu den Zapfsäulen befördern. In Deutschland sind nur sehr wenige Tankstellen mit Notstromaggregaten ausgestattet, sodass nahezu alle Tankstellen im vom Stromausfall betroffenen Gebiet ausfallen

---

[1] Vgl. **o.V., Interview - Schub fürs Handwerk** (2012) S. 2.
[2] Vgl. **Ausschuss für Bildung, Forschung und Technikfolgeabschätzung** (2011) S. 31 f.

werden. In diesem Zusammenhang ist zu erwähnen, dass Deutschland über einen gesetzlich vorgeschriebenen Vorrat an Diesel und Benzin verfügt. Diese Kraftstoffe werden vor allem in oberirdischen Tanks nahezu flächendeckend in Deutschland gehalten. Hier besteht die Möglichkeit Tankwagen bzw. –züge nach dem Prinzip der Schwerkraft zu füllen. Trotz dieser guten Krisenprävention bleibt fraglich, inwieweit diese Ressourcen bei einem Elektrizitätsausfall bedarfsgerecht von u.a. von Logistikunternehmen genutzt werden können. Überdies ist mit zeitlichen Verzögerungen aufgrund der rechtlichen Umsetzung zu rechnen.[1]

Des Weiteren verfügen die meisten Raffinerien über eigene Stromversorgungsanlagen, die teilweise bis zu 90% des Elektrizitätsbedarfs decken. Ein Weiterbetrieb mit leichten Einschränkungen ist für diese Raffinerien möglich, sodass die Kraftstoffversorgung in Deutschland für einen längeren Zeitraum gewährleistet ist.[2]

g) Ergänzung: Sicherheitssysteme für Gigaliner

Dazu zählen z.B. eine elektronisch gesteuertes Bremssystem und ein automatisches Abstandregelungssystem (oder ein Notbremsassistenzsystem). Ferner müssen die Fahrer von Gigalinern mindestens fünf Jahre ununterbrochene Berufspraxis mit schweren Lkws vorweisen können. Überdies ist es möglich die Fahrzeuge mit weiteren technischen Sondergeräten (wie z.B. Tote-Winkel-Kameras, Spur- und Bremshalteassistenten) auszustatten.[3]

---

[1] Vgl. **Ausschuss für Bildung, Forschung und Technikfolgeabschätzung** (2011) S. 117.
[2] Vgl. **Ausschuss für Bildung, Forschung und Technikfolgeabschätzung** (2011) S. 117.
[3] Vgl. **o.V. Die 20 wichtigsten Fragen zum Lang-LKW** (2011) S. 20.

Literaturverzeichnis

Ahrens, Ralph H., Hoffen auf Norwegens Wasser, in: VDI, o. Jg. (2012), H. 5, S. 14.

Atlas Copco (2011): ER Energierückgewinnung. Online Dokument: http://de.scribd.com/doc/46851297/Atlas-Copco-Prasentation-Energieruckgewinnung [Abgerufen am 26.05.2012].

Augsten, Stephan (2009): Offline-, Line-Interactive- oder Online-USV?, Spannungsprobleme. Online Dokument: http://www.searchsecurity.de/themenbereiche/plattformsicherheit/physikalische-sicherheit/articles/227429/ [Abgerufen am 19.05.2012].

Ausschuss für Bildung, Forschung und Technikfolgeabschätzung (2011): Gefährdung und Verletzbarkeit moderner Gesellschaften – am Beispiel eines großräumigen und langandauernden Ausfalls der Stromversorgung. PDF-Dokument: http://dipbt.bundestag.de/dip21/btd/17/056/1705672.pdf [Abgerufen am 31.03.2012].

AvantTime Consulting GmbH A (2012): CO2-Äquivalente. Online Dokument: http://www.co2-handel.de/lexikon-43.html [Abgerufen am 07.07.2012].

AvantTime Consulting GmbH B (2012): Erneuerbare Energien. Online Dokument: http://www.co2-handel.de/lexikon-70.html [Abgerufen am 07.07.2012].

AvantTime Consulting GmbH C (2012): Emissionshandelssystem. Online Dokument: http://www.co2-handel.de/lexikon-271.html [Abgerufen am 07.07.2012].

AvantTime Consulting GmbH D (2012): Klimawandel. Online Dokument: http://www.co2-handel.de/lexikon-281.html [Abgerufen am 07.07.2012].

AvantTime Consulting GmbH E (2012): Kyoto-Protokoll. Online Dokument: http://www.co2-handel.de/lexikon-108.html [Abgerufen am 07.07.2012].

Bluelife GmbH & Co. KG (2012): LED. Online Dokument: http://www.bluray-disc.de/lexikon/led [Abgerufen am 07.07.2012].

Blume, Udo, Perspektiven zur Achema Energiewende schaffen mit Energieeffizienz, in: CAV Chemie-anlagen + verfahren o. Jg. (2012), H. 2, S. 44.

Bretzke, Wolf-Rüdiger; Barkawi, Karim, Nachhaltige Logistik, Antworten auf eine globale Herausforderung, 1. Aufl., Berlin Heidelberg 2010.

Bundesministerium für Umwelt, Naturschutz und Reaktorsicherheit; Bundesministerium für Wirtschaft und Technologie (2011): Das Energiekonzept der Bundesregierung 2010 und die Energiewende 2011. PDF-Dokument:

http://www.bmu.de/files/pdfs/allgemein/application/pdf/energiekonzept_bundesregierung.pdf [Abgerufen am 27.03.2012].

Bundesministerium für Wirtschaft und Energie (2012): Zahlen und Fakten – Energiedaten – Nationale und Internationale Entwicklung. Excel-Dokument: http://www.bmwi.de/BMWi/Redaktion/Binaer/energie-daten-gesamt,property=blob,bereich=bmwi,sprache=de,rwb=true.xls [Abgerufen am 05.04.2012].

Bundesministerium für Wirtschaft und Technologie (2012): Stromversorgung. Online Dokument: http://www.bmwi.de/BMWi/Navigation/Energie/stromversorgung.html [Abgerufen am 07.04.2012].

Bundesregierung A (2002): Perspektiven für Deutschland, Unsere Strategie für eine nachhaltige Entwicklung. PDF Dokument: http://www.nachhaltigkeitsrat.de/fileadmin/user_upload/dokumente/pdf/Nachhaltigkeitsstrategie_komplett.pdf [Abgerufen am 28.06.2012].

Bundesregierung B (2012): Glossar zu Energie. Online-Dokument: http://www.bundesregierung.de/Content/DE/StatischeSeiten/Breg/FAQ/faq-energie.html [Abgerufen am 07.04.2012].

Fels, Edgar, „Strom ist in Deutschland zu teuer", in: Westfalen-Blatt, o. Jg. (2011), S. 5.

Energy INlife GmbH & Co. KG (2012): Spitzenlastkraftwerke. Online Dokument: http://www.ökostrom.info/spitzenlastkraftwerke [Abgerufen am 07.07.2012].

Eicher, Claus C., Monster-Trucks auf der Straße Gigaliner, in: ADAC Motorwelt, o. Jg. (2010), H. 12, S. 66.

Ethik-Kommission (2011): Deutschlands Energiewende – Ein Gemeinschaftswerk für die Zukunft. PDF-Dokument: http://www.bundesregierung.de/Content/DE/_Anlagen/2011/07/2011-07-28-abschlussbericht-ethikkommission.pdf?__blob=publicationFile&v=4 [Abgerufen am 17.03.2012].

EU-Kommission (2011): Weissbuch -Fahrplan zu einem einheitlichen europäischen Verkehrsraum . Online Dokument: http://ec.europa.eu/transport/strategies/doc/2011_white_paper/white_paper_com(2011)_144_de.pdf [Abgerufen am 07.07.2012].

Europäische Kommission (2010): Mitteilung der Kommission - Europa 2020. PDF Dokument: http://ec.europa.eu/eu2020/pdf/COMPLET%20%20DE%20SG-2010-80021-06-00-DE-TRA-00.pdf [Abgerufen am 05.07.2012].

European Commission (2011): TEN-T / Transport infrastructure. Online Dokument: http://ec.europa.eu/transport/infrastructure/index_en.htm [Abgerufen am 07.07.2012].

Vgl. **EW Medien und Kongress GmbH**; il2 GmbH (2010): N-1-Kriterium. Online Dokument: http://www.energie.de/lexikon/erklaerung/n-1-kriterium.html [Abgerufen am 17.04.2012].

Grab, Herbert, Der Sonne nach, in: Ke – Konstruktion & Engineering, o. Jg. (2012), H. 1, S. 57-59.

Grimm, Claus, Abenddämmerung für das fossile Zeitalter, in: DVZ, o. Jg. (2012), H. 20, S. 27.

Gusbeth, Sabine, Anschluss verpasst, in: EURO, o. Jg. (2012), H. 2, S. 35-36.

Heflik, Roman; Fertmann, Ludger (2011): Nach RWE-Klage Länder fürchten Millionenforderung. Online Dokument: http://www.abendblatt.de/politik/deutschland/article1841616/Nach-RWE-Klage-Laender-fuerchten-Millionenforderungen.html [Abgerufen am 07.07.2012].

Heitkötter, Jan; Pallasch, Ann-Kathrin; Beck, Thomas; et al., Ökologie in der Kontraktlogistik, in: Industrie Management, 17. Jg. (2011), H. 6, S. 29-32.

Hopf, Engelbert, Von der Spinnerei zur Wirtschaftskraft, in: Markt&Technik, o. Jg. (2012), H. 9, S. 7.

Kapell, Elisabeth, Kombinierter Verkehr passt für Food, in: Lebensmittel Zeitung, o. Jg. (2011), H. 49, S. 38.

Klodt, Henning (2012): ERP. Online Dokument: http://wirtschaftslexikon.gabler.de/Definition/erp.html [Abgerufen am 06.07.2012].

Krämer, Georg, Lernwerkstatt „Energiewende", Kerpen 2011.

Krieger, Winfried A (2012): JIT. Online Dokument: http://wirtschaftslexikon.gabler.de/Definition/just-in-time-jit.html?referenceKeywordName=JIT [Abgerufen am 06.07.2012].

Krieger, Winfried B (2012): Twenty Foot Equivalent Unit (TEU). Online Dokument: http://wirtschaftslexikon.gabler.de/Definition/twenty-foot-equivalent-unit-teu.html?referenceKeywordName=TEU [Abgerufen am 06.07.2012].

Vgl. **Krieger, Winfried** C (2012): Kombinierter Verkehr. Online Dokument: http://wirtschaftslexikon.gabler.de/Definition/kombinierter-verkehr.html [Abgerufen am 06.07.2012].

Krumrey, Henning A; Willershausen, Florian; Schumacher, Harald; et al., Auf dünnem Eis, in: WirtschaftsWoche, o. Jg. (2012), H. 7, S. 58.

Krumrey, Henning B; Haerder, Max; Fehr, Mark; et al., Wettlauf mit dem Wetter: Was tun, wenn der Strom ausfällt? Die Krisenpläne von Unternehmen und Katastrophenschutz für einen Blackout, in: WirtschaftsWoche, o. Jg. (2011), H. 25; S. 48 – 50.

Kürschner, Jörg, Lang-LKW auch abseits der Autobahn?, in: Verkehrs Rundschau, o. Jg. (2011), H. 9, S. 16.

Lackes, Richard (2012): Supply Chain Management (SCM). Online Dokument: http://wirtschaftslexikon.gabler.de/Definition/supply-chain-management-scm.html [Abgerufen am 03.06.2012].

Lenz, Ulrich (2006): Ausfallkosten von IT in der Produktion: 10.000 Dollar – pro Minute. Online Dokument: http://www.it-production.com/index.php?seite=einzel_artikel_ansicht&id=32298 [Abgerufen am 19.05.2012].

Liebermann, Chris, Netzausfälle ohne Folgen durch dynamische Energieversorgung, in: Elektronikpraxis, o. Jg. (2012), H. 6, S. 46-49.

Macintosh, Andrew (2007): Climate Change and Australian Coastal Shipping.PDF Dokument: https://www.tai.org.au/documents/dp_fulltext/DP97.pdf [Abgerufen am 26.06.2012].

Maier, Sarah (2009): Studie deckt Kosten bei Netzwerkpannen auf. Online Dokument: http://www.it-business.de/networking/weiteres/articles/184106/index2.html [Abgerufen am 19.05.2012].

Martin, Fritz; Reuter, Benjamin; Matthes, Sebastian; et al., Das Jahr danach, in: WirtschaftsWoche, o. Jg. (2012), H. 10, S. 100.

Mett, Udo, Vorfahrt für die Schiene, in: Lebensmittel Praxis, o. Jg. (2012), H. 1, S. 50.

Milbradt, Georg; Nerb, Gernot; Ochel, Wolfgang; et al., Der ifo Wirtschaftskompass, München 2011.

Möckli, Andreas, Viele Industrieunternehmen sind auf Dauerstrom angewiesen, in: Tagesanzeiger, Nr. 38 (2012), S. 3.

Munde, Annedore, Brennstoffzellen gewährleisten zuverlässige Notstromversorgung, in: MM MaschinenMarkt, o. Jg. (2010), H. 22, S. 24.

Otto, Claudia (2010): Aberle präsentiert Lagerverwaltungssysteme und Produkte für das Energiemanagement. Online Dokument: http://www.mm-logistik.vogel.de/management-it/articles/246312/ [Abgerufen am 24.05.2012].

o.V. (2011): **Atomausstieg – Höhere Strompreise kosten Industrie Milliarden**. Online Dokument: http://www.focus.de/finanzen/news/unternehmen/atomausstieg-hoehere-strompreise-kosten-industrie-milliarden_aid_636757.html [Abgerufen am 08.04.2012].

o.V., Bedingt ausstiegsbereit, in: WirtschaftsWoche, o. Jg. (2011), H. 24, S. 10.

o.V., Blockheizkraftwerke (BHKW) für Gewerbe und Industrie, in: BA Beschaffung aktuell, o. Jg. (2012), H. 5, S. 50.

o.V., Das Geld liegt auf dem Dach, in:DVZ, o. Jg. (2011), H. 86, S. 22.

o.V., **Die 20 wichtigsten Fragen zum Lang-LKW**, in: Verkehrs Rundschau, o. Jg. (2011), H. 48, S. 20.

o.V., **Energieeffizienz rechnet sich! Endress + Hauser geht mit gutem Beispiel voran**, in: Drucklufttechnik, o. Jg. (2012), H. 1, S. 32.

o.V., **Energie-Management-Software dringt in Produktionshallen vor**, Energieschonende Produktion, in: Markt & Technik, o. Jg. (2012), H. 5, S. 17.

o.V., **Energienetze der Zukunft Smart Grids für Nachhaltigkeit**, in: Industrieanzeiger, o. Jg. (2010), H. 3, S. 5.

o.V. (2011): **Folgen der Energiewende für energieintensive Industrien**. Online-Dokument: https://www.vci.de/Themen/Energie-Klima-Rohstoffe/Energiepolitik/Seiten/EID_Interview-EURO-am-Sonntag.aspx [Abgerufen am 08.04.2012].

o.V., **Grüne Logistik für schwarze Zahlen**, in: Logistik heute, 33. Jg. (2011), H. 12, S. 24-27.

o.V., **Interview - Schub fürs Handwerk**, in: Die SparkassenZeitung, o. Jg. (2012), H. 9, S. 2.

o.V., **Lager in neuem Licht**, in: Logistik heute, 33. Jg. (2011), H. 12, S. 42-43.

o.V., **Mit Kooperationen gegen Leerfahrten**, in: Lebensmittel Zeitung, o. Jg. (2012), H. 19, S. 52.

o.V. (2010) **Russland weiter größter Erdgaslieferant**. Online Dokument: http://www.vertragswechsel24.de/russland-weiter-gr%C3%B6%C3%9Fter-erdgaslieferant [Abgerufen am 05.07.2012].

o.V. (2011): **Studie „Stromausfall hätte katastrophale Folgen"**. Online Dokument: http://www.silicon.de/technologie/netzwerk/0,39044013,41553602,00/studie__stromausfall_h aette_katastrophale_folgen.htm [Abgerufen am 08.04.2012].

o.V., **Vom Ex- zum Importeur**, in: WirtschaftesWoche, o. Jg. (2011), H. 25, S. 23.

Pütter, Christiane (2011): IT-Ausfall kostet 2300 Euro pro Tag. Online Dokument: http://www.cio.de/knowledgecenter/security/2261159/ [Abgerufen am 09.05.2012].

Reveman, Steffan, Industrieanwendungen mit USVs vor Stromausfall schützen, in: Elektro Automation, o. Jg. (2010), H. 9, S. 34.

Roon, Serafin; Huck, Malte (2010): Merit Order des Kraftwerkparks. PDF Dokument: http://www.ffe.de/download/wissen/20100607_Merit_Order.pdf [Abgerufen am 12.06.2012].

Sawyer, Richard L. (2006): Steigerung der Effizienz großer USV-Systeme. PDF Dokument: http://www.mgeups.de/_whitepapers/docs/108%20-%20Steigerung%20der%20Effizienz%20gro%DFer%20USV-Systeme.pdf [Abgerufen am 12.06.2012].

Schnabel, Patrick (2012): IEEE 802.3 / Ethernet Grundlagen. Online Dokument: http://www.elektronik-kompendium.de/sites/net/0603201.htm [Abgerufen am 07.07.2012].

Schroeter, Stefan, Forschungsprojekt EniProd fokussiert ressourceneffiziente Produktion – Weg zur energieautarken Fabrik, in: Industrieanzeiger, o. Jg. (2010), H. 27, S. 26.

Schürmann, Hans, Entsprechende Strukturen können nicht aus dem Boden gestampft werden, in: VDI, o. Jg. (2012), H. 7, S. 2.

Senatsverwaltung für Gesundheit und Soziales (2012): Kritische Infrastruktur. Online Dokument: http://www.berlin.de/sen/gesundheit/vorsorge/infrastruktur/ [Abgerufen am 07.07.2012].

Siepermann, Markus (2012): CIM. Online Dokument: http://wirtschaftslexikon.gabler.de/Definition/cim.html [Abgerufen am 21.04.2012].

Statistisches Bundesamt (2011): Verkehr – Verkehr im Überblick 2010. PDF Dokument: https://www.destatis.de/jetspeed/portal/cms/Sites/destatis/Internet/DE/Content/Publikatione n/Fachveroeffentlichungen/Verkehr/Querschnitt/VerkehrUeberblick2080120107004,property=fi le.pdf [Abgerufen am 02.04.2012].

Stratmann, Klaus (2011) A: Unternehmen klagen über Stromaussetzer. Online Dokument: http://www.handelsblatt.com/unternehmen/industrie/folgen-der-energiewende-unternehmen-klagen-ueber-stromaussetzer/6002798.html[Abgerufen am 09.04.2012].

Stratmann, Klaus (2011) B: Systemwechsel mit Brüchen. Online Dokument: http://www.handelsblatt.com/meinung/kommentare/energiewende-systemwechsel-mit-bruechen-seite-2/6003302-2.html [Abgerufen am 09.04.2012].

Steven, Marion (2012): Lernkurve. Online Dokument: http://wirtschaftslexikon.gabler.de/Definition/lernkurve.html [Abgerufen am 07.07.2012].

Trautwein Lexikon-Edition, Neues Universal Lexikon, München 1999.

Trilling, Michael (2011): Klimaneutraler Druck mit eigenem Windkraftwerk läßt die Druckmaschinen trotz Stromausfall laufen. Online Dokument: http://www.spar-tarife.de/news/Druckerei-Quint--Produktion-laeuft-trotz-Stromausfall-mit-Windenergie-weiter [Abgerufen am 08.04.2012].

Trunick, Perry A., The power of logistics, in: Logistics Today, o. Jg. (2003), H. 3, S. 7 f.

Umweltbundesamt (2012): Klimaänderung. Online Dokument: http://www.umweltbundesamt-daten-zur-umwelt.de/umweltdaten/public/theme.do?nodeIdent=2847 [Abgerufen am 07.07.2012].

Verein Netzwerk Logistik (2012): JIS – Just in Sequence. Online Dokument: http://www.vnl.at/JIS.290.0.html [Abgerufen am 07.07.2012].

Voigt, Kai I. (2012): Kanban-System. Online-Dokument: http://wirtschaftslexikon.gabler.de/Definition/kanban-system.html [Abgerufen am 07.07.2012].

Weber, Jürgen (2012): Produktionswert. Online Dokument: http://wirtschaftslexikon.gabler.de/Definition/produktionswert.html [Abgerufen am 26.04.2012].

Weck, Manfred; Brecher, Christian, Werkzeugmaschinen Band 2, Konstruktion und Berechnung, Berlin 2006.

Weizsäcker, Ernst U. v.; Hargroves, Karlson; Smith, Michael, Faktor Fünf, Die Formel für nachhaltiges Wachstum, München 2010.

Wetz, Andreas (2011): Blackout: Was, wenn der Strom ausbleibt? Online Dokument: http://diepresse.com/home/panorama/oesterreich/701402/Blackout_Was-wenn-der-Strom-ausbleibt?_vl_backlink=/home/panorama/oesterreich/index.do[Abgerufen am 09.04.2012].

Zentralverband Elektrotechnik- und Elektronikindustrie e. V. (2010): Stellungnahme des ZVEI zum Energiekonzept der Bundesregierung. PDF-Dokument: [Abgerufen am 25.05.2012].